国家社会科学基金项目(项目批准号：13BJL026)研究成果

个人所得税制
纵深改革研究

王红晓◎著

GEREN SUODESHUIZHI
ZONGSHEN GAIGE YANJIU

西南财经大学出版社

四川·成都

图书在版编目(CIP)数据

个人所得税制纵深改革研究/王红晓著 . —成都:西南财经大学出版社,
2021. 11

ISBN 978-7-5504-5107-0

Ⅰ.①个… Ⅱ.①王… Ⅲ.①个人所得税—税收改革—研究—中国
Ⅳ.①F812.424

中国版本图书馆 CIP 数据核字(2021)第 209640 号

个人所得税制纵深改革研究

王红晓 著

责任编辑:王青杰
封面设计:墨创文化
责任印制:朱曼丽

出版发行	西南财经大学出版社(四川省成都市光华村街 55 号)
网 址	http://cbs.swufe.edu.cn
电子邮件	bookcj@ swufe.edu.cn
邮政编码	610074
电 话	028-87353785
照 排	四川胜翔数码印务设计有限公司
印 刷	郫县犀浦印刷厂
成品尺寸	170mm×240mm
印 张	12.5
字 数	236 千字
版 次	2021 年 11 月第 1 版
印 次	2021 年 11 月第 1 次印刷
书 号	ISBN 978-7-5504-5107-0
定 价	79.80 元

前　言

　　本专著共有十一个部分。第一部分为绪论，介绍了我国个人所得税纵深改革的背景和必要性、国内外研究的现状、研究范围和方法以及本研究的创新与不足之处。其后是专著的主体部分。

　　第一章对个人所得税的基本理论进行梳理，阐释了公平和效率原则、最优个人所得税理论、单一税理论以及个人所得税累进程度研究。个人所得税的首要目标应该是促进公平，但是也不能过分强调公平性而妨碍经济效率，从而对经济产生不良影响；必须根据国家经济和社会环境的变化，适时调整公平和效率之间的平衡关系。我国个人所得税制的改革、完善应该强调公平、兼顾效率，积极、合理地发挥个人所得税调节收入分配差距的作用。借鉴最优所得税理论、单一税理论和个人所得税累进程度研究的成果，要想个人所得税真正达到横向公平和纵向公平的效果，必须实行综合所得税制或交叉型的分类综合所得税制。为确保个人所得税发挥调节收入的作用，就应将所有的所得都纳入超额累进税率适用的范围，应采用超额累进税率并适当降低最高边际税率。

　　第二章概述了我国个人所得税制的沿革及存在的问题，分析了法律条文、税收负担、征税范围、优惠政策、计算方法、征管等方面存在的问题。目前存在的最大问题是税收负担不公平，无法做到高所得者多缴税，无法调节纳税人的收入分配，缩小收入差距。其原因主要是个人所得税采用分类所得税制、并立型分类综合所得税制，其与生俱来的缺陷就是不能汇总纳税人的各种所得进行征税。

　　第三章界定了三种四型个人所得税，分析它们的优缺点，确定选择个人所得税税制模式的原则——兼顾公平原则和效率原则。并立型分类综合所得税制的公平性较差，交叉型分类综合所得税制的公平性与综合所得税制非常接近。并立型分类综合所得税制因为部分所得分类征税、部分所得综合征税，既要严格区分所得种类，又要纳税人自行申报，在效率上可以说兼有前两种税制的缺点。交叉型分类综合所得税制，由于年终纳税人可以进行纳税申报和汇算清缴，分类课征的所得税可以抵扣，所以，从对应纳税所得的认定来看，其要求低于分类所得税制和并立型分类所得税制。交叉型分类综合所得税制不需要所有的纳税人进行纳税申报，仅要求收入达到某一标准的纳税人年终进行纳税申报和汇算清缴，在管理上的要求低于综合所得税制模式。所以，我国应实行交叉型分类综合所得税制。

第四章从税收管辖权的概念入手，分析比较各国税收管辖权的实施情况，论述我国个人所得税管辖权存在的问题——居民税收管辖权实施范围太小，并指出改革方向：应坚持地域税收管辖权与居民税收管辖权并用的原则；居民纳税人的判定标准应改为，在我国境内有住所或没有住所，但在连续 12 个月内在我国境内居住 183 天及以上者。

第五章首先介绍了应税所得的学说，其次探讨了应税所得的性质，对个人所得税的课税所得范围进行了国际比较，讨论了我国个人所得税课税范围的确定。我们设计的个人所得税制为交叉型分类综合所得税制，在这种所得税制下，其征税范围是十分广泛的。应税所得包括纳税人在纳税年度内取得的各种所得，既包括经常性所得还包括偶然性所得，不仅包括合法收入还包括未被明确确认为合法收入的其他收入，不论是劳动收入还是非劳动收入，都一视同仁地课税。

第六章首先对各国个人所得税的纳税申报单位进行了分析比较，对个人所得税的费用扣除进行了国际比较，提出了"家庭"及"家庭系数"的确定原则、我国的生计费用扣除标准和各种所得的必要费用扣除的基本规定。

第七章对个人所得税税率进行了国际比较，整理了 60 个国家的税率情况，重点介绍了英、美、日、德、法等发达国家及印度、巴西、保加利亚、泰国等部分发展中国家的税率及其演变情况。适当选择我国个人所得税的税率：笔者设计的税制模式是交叉型分类综合所得税制，年终汇算清缴时，不区分所得类别，统一适用同一超额累进税率表。为了使税制简明，并配合落实"三孩"生育政策，税率级距以家庭人均年应纳税所得额来规定。

第八章对个人所得税征收管理进行了国际比较，分析研究我国个人所得税征收管理中存在的不足及其原因，提出个人所得税征收管理的配套措施：强化代扣代缴制度，将我国公民的居民身份证号码作为个人所得税的纳税人识别号，推进税务代理工作，实施个人财产实名登记制度，大力推进税收信息化建设，加强对较高收入者的收入监控等。

第九章是在前几章研究的基础上，提出本专著研究的核心结果——交叉型分类综合个人所得税制度的设计。分类源泉预扣、预缴税款时，只有工资薪金所得允许每人每月扣除 6 000 元之后为应纳税所得额，按 3%~35% 的 6 级（月适用）超额累进税率表，计算应预扣缴的所得税；其他所得都按纯所得适用比例税率，计算应预扣缴的所得税。年终汇算清缴时，将纳税人家庭的各类所得的纯所得加总，除以家庭系数，计算出人均纯所得，再按扣除标准扣减生计费用，计算出人均应纳税所得额，按3%~35%的6级（年适用）超额累进税率表，计算出人均应纳所得税额，再乘以家庭系数，计算出纳税人家庭应纳所得税额。

第十章为个人所得税制度设计其他方面的思考，如双重征税的消除。国际双重征税的存在造成纳税人的税收负担过重，不利于人才的合理流动，不利于经济的高速发展。经济性重复征税也在一定程度上阻碍了我国资本的形成和投资的增长，影响了市场配置资源的效率。如何有效地消除这两类双重征税，在该章有深入的研究，并提出了可行的消除方法。

王红晓

2021 年 9 月

目　录

绪　论

一、我国个人所得税纵深改革的背景和必要性

2011 年的个人所得税改革引发了社会的广泛关注，公众对个人所得税免征额的提高持欢迎态度，但对个人所得税的公平性评价甚低，对其主要由工薪阶层负担、对其对收入差距起不到应有的调节作用怨言颇多。党的十八大报告提出，"必须坚持维护社会公平正义""必须坚持走共同富裕道路""要坚持社会主义基本经济制度和分配制度，调整国民收入分配格局，加大再分配调节力度，着力解决收入分配差距较大问题，使发展成果更多更公平惠及全体人民，朝着共同富裕方向稳步前进。"本专著希望通过从整体角度、从长远利益出发考虑个人所得税的纵深改革，增强个人所得税的公平性、有效发挥个人所得税调节收入分配差距的作用，促使维护社会公平正义、共同富裕的目标的实现。

2018 年，我国国内生产总值 900 309 亿元，年末全国大陆总人口为139 538 万人（不包括香港、澳门特别行政区和台湾地区人口数），我国人均国内生产总值为 64 644 元①。2018 年，我国税收收入为 156 402.86 亿元，个人所得税收入为 13 871.97 亿元，个人所得税占税收收入的比重达到 8.87%，为历年来最高②。

为什么我国的个人所得税开征了近 40 年，自 1994 年税制改革也有 20 多年了，个人所得税收入占税收总收入的比重却仍然如此之低呢？其主要原因是我国现行的个人所得税税制是分类所得税制，除了工资薪金所得和生产经营所得及劳务报酬所得分别实行不同的累进税率外，其他所得都适用比例税率，个人所得税的收入不能随着纳税人总所得的增加而适用较高的税率；对多种所得还分别规定有不同的费用扣除标准，使得计算税额的基数减小，从而导致我国的个人所得税无法成长为在税收收入中所占比重较大的税种。特别是我国个人

---

① 数据来自《中华人民共和国 2018 年国民经济和社会发展统计公报》。
② 前两个数据来自国家统计局网站上的统计数据，后一数据由作者计算得出。

所得税存在税收负担不公平的问题，纳税人的认同度较低，每年"两会"期间，都会有人大代表和政协委员以及众多网民就对个人所得税进行改革、完善发出呼声。2018 年 8 月 31 日第十三届全国人民代表大会常务委员会第五次会议通过了《关于修改〈中华人民共和国个人所得税法〉的决定》，个人所得税转变为并立型的分类综合个人所得税制，相应的实施条例自 2019 年 1 月 1 日开始实行。新的个人所得税制度比原来的个人所得制度有了很大的进步，但仍有许多问题需要改进和解决。

如果对个人所得税进行改革，我国未来的个人所得税的功能该如何定位？各种税制要素该如何确定？这都会关系到改革后的个人所得税能否发挥调节收入分配的作用，能否达到税收负担公平合理，能否得到纳税人的普遍认同。

二、对个人所得税制国内外研究的现状

（一）国内研究现状

国内学者的研究，主要有以下几个方面：一是对调节作用的研究。代表性成果有：朱明熙的《个人所得税的调节作用何以失效》、吴云飞的《我国个人收入分配税收调控研究》、沈玉平的《所得税调节作用与政策选择》等。二是对不同国家的个人所得税制进行比较研究。代表性成果如蔡秀云的《个人所得税国际比较研究》、熊伟的《美国联邦税收程序》、李永贵的《个人所得税改革与比较》、郑幼锋的《美国联邦所得税变迁研究》和刘军的《经济转型时期税收制度比较研究》等，主要介绍个人所得税在其他国家的运行情况及改革动态等。三是对个人所得税制度进行设计研究。代表性成果主要有：计金标的《个人所得税政策与改革》、赵惠敏的《所得课税理论创新与中国所得课税优化设计》、笔者的《完善个人所得税制度研究》、中国税务学会学术委员会的《完善个人所得税问题》等。四是对个人所得税征管模式的研究。代表性著作有：石坚、陈文东主编的《中国个人所得税混合模式研究》，该著作主要是对在并立型混合模式下，如何开展个人所得税的征管进行了一些研究。

（1）个人所得税税制模式选择研究。对个人所得税制模式的选择，除少数学者如黄凤羽（2011）认为应选择综合税制模式外，多数学者们都认同中央提出的分类和综合相结合的税制模式。如何将分类与综合结合起来，除了该专著作者持交叉结合的观点之外，学者们多是持并立结合的观点，即部分所得（资本所得）采用比例税率分类征收，部分所得（劳动所得）采用累进税率综合征收。在现有文献中持这一观点的学者众多，如高培勇（2011）、崔志坤（2010）、邓子基和李永刚（2010）、陈工和陈伟明（2011）、李华和朱洁

（2011）等。

（2）个人所得税税制要素设计研究。许多学者对个人所得税税制要素进行了一些尝试性设计建议，如刘剑文（2009）认为，不应该采用修正立法的严格方式进行费用扣除标准的调整，应该建立费用扣除标准的自动调节机制。在《中华人民共和国个人所得税法》（以下简称《个人所得税法》）中，由全国人大授权国务院根据物价变动情况或者工资水平的提高幅度对费用扣除标准进行调整。引入家庭申报制度是所得费用扣除标准完善的重要配套措施。邓子基和李永刚（2010）认为，费用扣除标准的确定，应该考虑居民的收入水平、消费支出水平和个人所得税对财政收入的影响等因素。费用扣除标准应以国家规定的小康生活收入水平作为基准，只对居民达到小康生活所必需的收入之上的收入征税。居民的消费支出中，应包括居民个人和家庭的日常消费性支出、家庭住房支出、个人养老保险性支出、子女教育支出、赡养支出等必要的支出。

（二）国外学者对个人所得税的研究

在西方国家，由于市场经济比较发达，学者们较早地关注了个人所得税如何发挥调控作用的问题。其关注的领域主要有：一是对所得的定义。德国的范·尚茨（Schanz）和美国的黑格（R. M. Haig）与西蒙斯（H. C. Simons）是"净资产增加说"的代表[1]，英国的弗里茨·纽马克主张"源泉说"[2]。英国的阿尔弗雷德·马歇尔（Alfred Marshall）、尼古拉斯·卡尔多（Nicholas Kaldor）、艾温·费雪（Irving Fisher）用消费支出来界定所得。二是对个人所得税制进行研究。比利时的西尔文·R. F. 普拉斯切特（Sylvain. R. F. Plasschaert）研究了个人所得税的分类综合及二元课税模式；美国的经济学家威廉·维克里（William Vickrey）和英国的经济学家詹姆斯·米尔利斯（James Mirrlees）都对最优所得税理论的研究有较大影响[3]。三是研究个人所得税对经济的影响。各国财政专家和经济学家深入地分析了对个人所得课税对经济的影响。福利经济学分析了课税的影响，供给经济学提高了人们对纳税人反应的注意，新兴的计量经济学还研究了纳税人的劳动和储蓄供给弹性等与税收有关的参数[4]。

西方国家市场经济比较发达，对个人所得税制的研究主要体现在最优所得

---

① 曾繁正，等. 财政管理学 [M]. 北京：红旗出版社，1998：171-172.

② 国家税务总局税收科学研究所. 西方税收理论 [M]. 北京：中国财政经济出版社，1997：184.

③ MIRRLEES J. An Exploration in the Theory of Optimal Income Taxation [J]. Review of Economic Studies，1971（2）.

④ 普拉斯切特. 对所得的分类综合及二元课税模式的研究 [M]. 国家税务局税收科学研究所，译. 北京：中国财政经济出版社，1993：15.

税理论方面：

尼可拉斯·格里高利·曼昆（N. Gregory Mankiw）、马修·文泽尔（Matthew Weinzierl）和丹尼·亚敢（Danny Yagan）（2009）在《最优税收理论与实践》（Optimal Taxation in Theory and Practice）一文中，从最优税收理论的多个方面比较了经济合作与发展组织国家近几十年的税收政策。根据最优税收理论，所得税的最高边际税率已经下降。商品税更加统一，通常只对最终产品进行征收。然而，资本税的变动趋势不一，资本所得税的税率仍远高于最优税收理论推荐的零水平。此外，一些更微妙的政策理论，如涉及个人特征、资产测试和历史依赖性的税收政策，在实践中仍然比较罕见。在理论和政策之间依然存在很大的差距，困难之处在于决策者和理论家需要更多地相互学习①。

米尔利斯（Mirrlees，1971）在《最优所得税理论探索》（An Exploration in the Theory of Optimum Income Taxation）中，研究了个人所得税的最优化问题。在所得税分析中米尔利斯模型的价值在于它以独特的方式抓住了税制设计问题的关键。首先，为了在所得税模型中引入公平因素，米尔利斯假定无税状态下的经济均衡是一种不公平的所得分配。所得分配是由模型内生而成的，同时每个家庭获取的所得是有差异的。其次，为了在所得税模型中引入效率因素，假定所得税必须影响家庭的劳动供给决策。最后，假定经济具有充分的灵活性，这样税收函数就不会因为一些可能的问题而被施加任何事先的约束。米尔利斯模型是一种最为简单的对上述要素进行的描述②。

三、研究范围和方法

本书重点研究个人所得税制的纵深改革，兼顾对课税理论的探讨。个人所得税的理论和制度规定都是十分复杂的。我们必须结合中国国情对个人所得税制纵深改革的一些基本问题进行深入的分析和研究。我们把研究范围界定在以下四个方面：一是对个人所得税理论进行梳理；二是分析我国现行个人所得税制中存在的不足；三是比较其他国家个人所得税制，从中汲取值得借鉴的地方；四是借鉴世界其他国家的优点，结合我国的国情，对个人所得税税制要素进行优化设计。

本书采用的研究方法有两种。一是比较分析法。通过比较分析其他学者的

---

① GREGORY M N, WEINZIERL M, YAGAN D. Optimal Taxation in Theory and Practice. http://www.docin.com/p-940108776.html.

② 王闻. 诺贝尔奖得主詹姆斯·米尔利斯及其学术贡献［J］. 经济学动态，2004（6）：7-10.

研究成果及其他国家个人所得税的制度规定，借鉴优点、长处为我所用。二是系统分析法。我们试图对个人所得税的各个要素进行系统的研究，而不是零星分散地分析，我们尝试建立一个公平、科学的，对各种所得类型、各类纳税人都一视同仁的个人所得税制，并希望该税制能对经济发挥自动调节器的作用。

四、结构安排

第一章对个人所得税的基本理论进行梳理，阐释了公平和效率原则、最优个人所得税理论、单一税理论以及个人所得税累进程度研究。第二章解读我国个人所得税制度的沿革及存在的问题。第三章界定三种四型个人所得税制，分析它们的优缺点，选择我国的个人所得税税制模式，论述交叉型分类综合所得税制在我国实行的可行性。第四章探讨我国个人所得税税收管辖权的选择。第五章讨论个人所得税课税范围的确定。第六章考察个人所得税申报纳税单位和生计费用扣除标准。第七章通过对个人所得税税率进行国际比较，适当选择我国个人所得税的税率。第八章通过对个人所得税征收管理的国际比较，探讨我国个人所得税征收管理的不足及其原因，提出个人所得税征收管理的配套措施。第九章是本研究的核心结果——新个人所得税制度的设计，即交叉型分类综合所得税制的设计。第十章为个人所得税制度设计其他方面的思考。

五、创新与不足

（一）创新

（1）本书设计的个人所得税制，是交叉型的分类综合所得税制。目前为止，还没有哪个学者提出我国个人所得税制应该实行交叉型分类综合所得税制。在个人取得收入时，先由支付单位扣缴税款，可以防止税收流失。年终纳税人再综合所有所得申报纳税，已扣税款准予抵扣，可以解决同等所得水平的纳税人由于所得来源的不同而缴纳多少不同的税收的问题。从便于征管的角度出发，可以不要求所有纳税人都进行纳税申报，而只要求年收入达到一定数额的个人进行纳税申报。

（2）以家庭为单位纳税，按家庭全年人均应税所得设计税率。通过家庭系数的运用，照顾到了弱势家庭（有下岗职工或失业人员的家庭）、有老人要赡养的家庭（或有领取较低退休金人员的家庭），这对弘扬中华民族尊老爱幼的优良传统是大有益处的。

（3）注意到了要贯彻我国的计划生育政策，对不符合计划生育政策的未成年子女不计系数。这样做到税制不与计划生育政策矛盾，使个人所得税的调节方向与计划生育政策相符合。家庭系数的运用，可以解决同等收入总额、同样人员组成规模的家庭，由于家庭成员收入均等化程度不同而产生的税负不公平的问题。

（4）提出了应对农业生产经营所得征收个税、我国个税纳税年度应改为3月1日到次年2月底等政策建议。

（二）不足

本书的实证、例证分析还不够充分，对交叉型分类综合所得税制的设计还不够详尽，争取在以后进行更加详尽的设计，甚至撰写出该交叉型分类综合所得税制的个人所得税法草案。后续研究中要深入研究个人所得税制的改革如何有效地与增值税、企业所得税、社保缴费和房地产领域的税收衔接等问题。

六、研究意义

本书论证和设计了交叉型分类综合个人所得税制，生计费用的扣除清晰简洁，兼顾了公平和效率。这一交叉型分类综合所得税制的实施，有利于贯彻"公平正义"的社会主义分配观，有利于为构建和谐社会提供活力之源，有利于鼓励公民诚实劳动，促进我国信用体系的建设，还有利于个人所得税制向综合所得税制过渡。

第一章 个人所得税理论综述

第一节 个人所得税的公平和效率理论

任何经济制度的设计和经济政策的制定及实施都必须考虑公平和效率两方面的平衡。税收制度的设计也不例外。

一、税收公平理论

税收是筹集财政收入的主要手段，税收公平问题是税收理论研究的重要课题。征税过程是经济利益由纳税人向国家转移的过程，必然改变社会财富的自然分配状况，对纳税人的经济行为产生影响，形成经济资源和社会福利的重新分配。税收制度本身的公平程度决定了纳税人的认同程度，如果税收制度存在明显的不公平，纳税人的认同度就会比较低，纳税人的遵从度也不会高。因此，古今中外的许多有识之士对税收公平问题进行了研究，留下许多成果，对我们进行税收制度的改革完善具有深远的启发意义。

（一）我国古代的税收公平思想与实践

我国是四大文明古国之一，历史源远流长，税收实践和税收公平思想出现得比较早，大致分为三个阶段。

第一阶段的税收公平思想与实践体现在《尚书·禹贡》中。《尚书·禹贡》中详细记载了夏朝的土地和贡赋制度：九州的田地根据肥沃程度被分为三等九级。根据各州的农作物品种、自然资源和特产将贡赋也分为三等九级，贡赋征收的原则是"贡土所宜"和"负担均平"。"贡土所宜"就是贡纳当地生产的农产品和土特产品；"负担均平"就是考虑各州水陆交通状况和距离帝都的远近确定贡赋的等级。这使得各州的贡赋与田地等级的关系有三种：一是贡赋的等级高于田地的等级，如离帝都较近又有水运之便的地区；二是贡赋的等级与田地的等级大致接近；三是贡赋的等级低于土地的等级，如离帝都较远、交通不便的地区。这样就使得各地的贡赋负担大体上均平①。春秋时期齐国管仲主张的"相地而衰征"的思想，与《禹贡》中体现的税收公平思想是相似的。

第二阶段，认为按纳税人的劳动能力大小划分等级征税是公平的。西晋时期的占田制就体现了以劳动能力大小划分等级征税的思想。占田制将劳动力划分为正丁和次丁两大类，正丁的劳动能力大于次丁；正丁和次丁又有男女的区别，男丁的劳动能力大于女丁。占田制按纳税人劳动能力的大小分配多少不等的土地，并负担相应的田赋②。该思想在北魏至唐朝中叶实行的"均田制"里都有体现，虽然各个朝代的具体规定不同，但都是农户家庭的生产能力的高低等因素进行授田并分配应缴纳的赋税。这一阶段的税收公平思想及实践较第一阶段的只考虑土地等级、地理位置进行征税的税收公平思想及实践是巨大的历史性进步。但由于没有考虑农户家庭的贫富差异，建立在此基础上的"租庸调"制度，不论贫富按人丁统一征收定额税，税收负担最终仍是不够公平合理的。

第三阶段，认为以占有财产的数量为标准进行征税是公平的，以杨炎的"两税法"为代表。"两税法"的主要内容是：按资产的多少划分户等，按户等的高低征收户税，户等高的户税多，户等低的户税少，户税以钱计算；地税按亩征收谷物；户税和地税都分夏秋两季征收③。"两税法"的实质是按纳税人拥有土地和财产的多少纳税，鳏寡孤独无能力者免予征税。以纳税人的资产为标准征税要比以年龄、性别为标准征税更公平一些。在自然经济的封建社会，资产以土地和房屋为主要形式，特别是土地，按纳税人拥有的资产量征税，可以说征税的公平性达到了当时所能达到的最高程度。杨炎提出"两税法"的时期正是欧洲的中世纪，当时欧洲的税收制度还不成型，也还没有形成税收公平思想。

作为文明古国，我国出现税收公平思想的时间远早于西方各国，但由于我国封建社会延续的时间比较长、朝代更替比较频繁，税收公平思想没有得到进一步的发展；为了维护统治阶级的地位和利益，常以重农抑商为前提，所以税收公平只限于对土地征税的领域，对商业、商人的征税是不考虑税收公平的。我国古代的税收公平以土地私有制为前提、以维护统治阶级的地位和利益为前

---

① 孙文学，刘佐. 中国赋税思想史 [M]. 北京：中国财政经济出版社，2005：15-19.

② 同①180-182.

③ 同①265-267.

提，是一种有限的税收公平。

（二）西方的税收公平思想

英国的经济学家亚当·斯密于18世纪提出了平等、确实、便利和节省的税收四原则，19世纪的德国官房学派经济学家瓦格纳提出了财政收入、经济政策、社会政策和税务行政的税收四项九端原则，至19世纪末，效率和公平原则已成为西方财税学界普遍接受的税制优化原则。

1. 利益交换说

利益交换说也可称为受益说。该学说认为，人民应按个人从国家公务活动中所享受到的利益多少缴纳税收，也可以说纳税人缴纳税收是用来交换国家的公务活动的。所以，利益交换说认为，横向公平是指从国家公务活动中所享受到相同利益的人应该负担相同的税收；纵向公平是指从国家公务活动中所享受到不同利益的人应该负担不同的税收。

早期持利益交换说的学者认为，财产多的人享受政府的保护比财产少的人享受政府的保护更多，也就是说，富人比穷人从政府那里享有的利益多，所以富人应比穷人多缴税。现代持利益交换说的西方学者认为，应按照人们从财政支出中所得到的利益来分配税收。现实中，这种税收思想在许多国家的某些税种中有所体现，如社会保障税、消费税、行为税等。但利益交换说不能适用于大多数税种的征收和大多数公共产品的提供。因此，就税收公平来说，利益交换说只能解释征税的部分原因。

2. 负担能力说

税收负担能力的衡量，在西方税收思想史上有两种方法：主观方法和客观方法。

税收负担能力用主观方法来衡量，以实现税收公平的学说也称为牺牲说。其最早的代表人物约翰·斯图亚特·穆勒（John Stuart Mill）提出了均等牺牲说，他认为：如果所有人因向国家纳税而产生的效用损失都一样，或者说因纳税所有人牺牲的效用是均等的，税收的公平性就实现了。均等牺牲说后来逐渐发展为三种不同的均等牺牲说。绝对均等牺牲说认为，人们因纳税而牺牲的总效用相等才是公平的；边际均等牺牲说认为，每个人缴纳最后一单位税收牺牲的效用量都相等才是公平的；比例均等牺牲说认为，每个人纳税后与纳税前的总效用量的比例都相等才是公平的。由于效用没有公认的方法进行计量，均等牺牲说是建立在唯心主义的基础上的，其税收公平思想无法运用于实践。所以，一些经济学家寻求新的途径进行研究，以取代牺牲说。

客观的负担能力说就是以所得为标准来衡量税收负担能力的学说。

以威克塞尔（K. Wicksell）为首的一些学者，对衡量税收负担能力的标准进行了研究，从政治民主的视角寻找税收公平的实现机制，他们认为：理想的衡量负担能力的标准应能反映个人从财富的占有、消费和对闲暇的享受等所有可供其选择的机会中得到的全部福利。但这一衡量标准同样无法应用于实践。

马斯格雷夫（Musgrave）认为，税收公平有横向公平和纵向公平之分。横向公平是指经济能力相等的人应负担相等的税收，或者说，地位相同的人应缴纳相同的税收；纵向公平是指经济能力不同的人应缴纳不同的税收，或者说，地位不同的人缴纳的税收也应不同。

塞利格曼比较了人丁、财产、消费和所得这四种征税对象，认为以纯所得作为征税对象最符合负担能力原则的要求。纳税人的所得越多，应该纳税越多；所得越少，纳税应该越少，这样才公平合理。也有一些学者认为最符合负担能力原则要求的征税对象是消费，但因以消费作为征税对象有其固有的缺陷，虽然做了许多努力，在税收实践上仍无法克服。所以，大多数学者赞同以所得作为衡量负担能力的标准。另外，西方经济学家还指出，税收公平有横向公平和纵向公平两个方面。横向公平就是取得收入相同的人应缴纳同样多的税，纵向公平就是取得不同收入或所得的人应缴纳数量不同的税。

3. 社会公平说

19 世纪中下叶，资本主义世界出现严重的经济危机，贫富两极分化十分严重，已经开始阻碍资本主义社会的发展。德国官房学派经济学家阿道夫·瓦格纳从维护资产阶级的根本利益出发，在《财政学》一书中提出了税收的四项九端原则，即财政政策原则（充分和弹性）、国民经济原则（税源和税种）、社会正义原则和税务行政原则（确实、便利和节省）。其中，社会正义原则包括普遍原则和平等原则，瓦格纳创造性地主张利用税收手段调节收入分配关系，实现社会公平。他主张采用累进所得税制，对最低生活费免予征税，以符合社会正义原则的要求。在瓦格纳之后，庇古等学者将社会政策的理论主张与边际效用价值论相融合，形成了福利经济学，社会政策也演变为福利国家政策。福利国家政策的推行虽然未能解决资本主义世界出现的所有社会问题，但还是多少缓和了生产与消费的矛盾、无产阶级与资产阶级的矛盾，从而使主要资本主义国家出现了相对稳定的政治局面。

二、个人所得税的公平理论

追求税收公平的结果，出现了个人所得税。此后，人们逐渐认识到个人所得税具有调节收入分配的作用，国家利用这一作用促进社会公平。个人所得税是直接向个人征收的，具有税基广泛、税率累进的特点，在调节收入分配、体现公平方面比其他税种的作用更为明显，另外扣除项目和各项宽免的设置，也较好地促进了横向公平和纵向公平。影响个人所得税公平性的最主要因素是税基和税率两个因素。

（一）税基

个人所得税的税基的宽窄影响其公平程度。个人所得税的税基越宽，其反映纳税人负担能力的性能就越好，宽税基是保证税收公平的基本因素。

"黑格-西蒙斯所得"概念比较广泛和合理。西蒙斯认为，纳入征税范围的所得越广泛，征税基础就越接近公平化。西蒙斯认识到很难将净资产增加说应用于税制实践。第二次世界大战后，开始按照税收公平的要求重塑个人所得税的有关理论。

"黑格-西蒙斯所得"概念的理论基础被一些国家引入了税制改革。加拿大皇家税收委员会在 1966 年的报告中首次支持"黑格-西蒙斯所得"概念的广泛性，并将"黑格-西蒙斯所得概念"用于指导税制改革。澳大利亚税收评价委员会在 1975 年的报告中、爱尔兰税收委员会在 1982 年有关直接税的报告中以及美国财政部在 1984 年提交总统的税改报告中，都有"黑格-西蒙斯所得概念"理论的影子。

（二）税率

个人所得税促进公平的另一重要因素是超额累进税率。适度累进的税率结构能够实现所得多者纳税多、所得少者纳税少的目标，有效地体现负担能力说的要求。采用超额累进税率能实现纵向公平，但也可能存在一些缺点，如，累进税率过高会对投资、储蓄、劳动力供给产生影响，损害经济效率，这反映了个人所得税效率目标和公平目标之间的矛盾。因此，累进税率受到质疑，弗里德曼等学者转而建议采用比例税率。

进入 20 世纪 80 年代后，斯迪芬斯、海德、凯瑟曼等学者研究了将比例税率引入个人所得税的问题。美国学者罗伯特·E.霍尔和阿尔文·拉布什卡提出了"单一税"理论，试图以"单一税"取代所得税，产生了较大的影响，"单一税"的一个基本特征就是采用比例税率。

（三）个人所得税的公平性

西蒙斯是较早从负担能力视域研究个人所得税公平性问题的学者。西蒙斯提出的所得概念强调广泛性，认为作为税基的所得越广泛，对负担能力的度量就越准确，横向公平也就越有可能实现。西蒙斯详细研究了个人所得税与横向公平的关系，但他对纵向公平论述得不多，他认识到税率累进得过度会对经济产生消极影响，他指出个人所得税应兼顾公平和效率。

此后，研究个人所得税公平性问题最有影响的学者是马斯格雷夫和费尔德斯坦，他们的观点对其他研究者产生了重要影响。这两位学者在 1976 年各自发表论文，从不同的角度论述了这一问题。马斯格雷夫从社会福利的视阈进行研究，费尔德斯坦从效用理论着手，结合最优税制理论研究个人所得税的横向公平。他们都对个人所得税兼顾公平和效率的问题进行了论述。

设计个人所得税制度时，选择税基宽窄的不同、制定的生计扣除标准的不同、税率累进程度的不同，对税制的公平性会在横向和纵向两方面产生影响。设计目标与税制运行的实际效果之间可能出现很大偏差。比如，某国政府想通过提高税率累进程度调节社会收入分配，但因为累进税率适用的税基范围太窄而无法实现这一目标。个人所得税在各国实践中的具体目标是变化的。一般在开征的初期，个人所得税的主要目的是取得财政收入，多采用分类所得税制，对不同种类的所得规定不同的税率。第一次世界大战结束后，个人所得税成为调节收入分配、缩小贫富差距的工具，综合所得税制逐渐得到普及，累进税率成为实现纵向公平的主要工具，边际税率和累进程度都逐渐提高。但是，高累进税率调节收入分配的作用在很大程度上被各种税收减免优惠所抵消，并且高累进税率对经济的消极影响日益明显。因此，20 世纪 80 年代中后期，美国开始率先进行税制改革，其主要举措是降低边际税率、规范税收优惠条款，此举引发了全球性的税制改革浪潮。对个人所得税，各主要发达国家采取的主要措施是规范税收优惠、扩大税基和降低边际税率。特朗普就任美国总统后，个人所得税的最高边际税率自 2018 年度下调到了 37%。

本研究中认为的税收公平包括两个方面的公平：横向公平和纵向公平。纯所得相同的人、纳税能力相同的人应该缴相同的税，不因其所得来源的不同而不同，这是横向公平。纯所得多的人、纳税能力强的人应该多缴税，纯所得少的人、纳税能力弱的人应该少缴税，缴税的结果是税前纯所得多的人、税后纯所得仍多，税前纯所得少的人、税后纯所得仍少，只是两者的差距相对缩小，而不能因为缴税而改变所得多少的排序，这是纵向公平。

三、个人所得税的效率

《现代汉语词典》对"效率"一词有两个释义：一个是"机械、电器等工作时，有用功在总功中所占的百分比"；另一个是"单位时间内完成的工作量"[①]。在经济领域，效率一般是指收入与成本之间的比较。税收效率是国家征税产生的收益与国家征税发生的成本之间的比较。税收效率主要从两个方面衡量，形成两种效率概念，一是税收的经济效率，二是税收的行政效率。

（一）个人所得税的经济效率

20世纪初，意大利经济学家帕累托提出了一个关于资源配置最优状态的定义：相对于某种资源配置，如果不存在另一种"能使至少一人的情况变好，而其他所有人的情况不变差"的资源配置，则该种资源配置是最优配置，此即"帕累托最优"理论。将"帕累托最优"理论应用于税收领域，从经济运行和资源配置的角度研究税收制度的效率问题，就形成了税收的经济效率理论。

税收收益包括两个方面：一是直接收益，即政府取得的税收收入；二是间接收益，即由于征税引起的对资源配置的改善、对社会经济发展的促进。同样，税收成本也包括两个方面：一是直接成本，即税收的征收管理费用和纳税人的奉行费用；二是间接成本，即征税对社会经济产生的各种不良影响。个人所得税的经济效率就是由于征收个人所得税而引发的经济收益和经济成本的比较。个人所得税的经济收益包括两个方面：一是个人所得税收入，二是个人所得税对经济产生的积极影响，这种积极影响包括资源配置状况的改善、社会福利的增加等多个方面。个人所得税的经济成本包括两部分：一是纳税人负担的税款，二是税收的超额负担。税收的超额负担是指征税改变了纳税人原来有效率的经济决策，使得经济运行紊乱和低效率。个人所得税对个人的各种经济行为产生的影响，既有积极影响又有消极影响，所以对这一问题应进行全面的、综合的分析，不能想当然。对于个人所得税的经济效率问题，西方学者多认为应坚持税收中性原则，让市场这只"看不见的手"发挥作用。

从上述理论看，要提高我国个人所得税的经济效率，应保持税收中性，对各类纳税人、对各类所得不能区别对待。让市场发挥作用，尽量减少个人所得税对经济发展的扭曲和不利影响。

（二）个人所得税的行政效率

个人所得税行政效率的高低是以个人所得税的征税成本和纳税成本占个人所得税的收入的比重来衡量的，这一比重越小，个人所得税的行政效率就越

---

① 中国社会科学院语言研究所词典编辑室. 现代汉语词典 [K]. 7版. 北京：商务印书馆，2016：1447.

高，这一比重越大，个人所得税的行政效率就越低。征税成本即税务当局征税所消耗的资源，要降低征管成本，即要尽可能地提高税收的征管效率。征管效率一般通过征税成本占税收收入的比重来衡量。这一比重越小，税收征管效率越高。纳税成本是在纳税过程中纳税人发生的各种支出，某些西方学者甚至认为纳税人填写纳税申报表的时间、心理波动等也应计入纳税成本。个人所得税的税基是纳税人的纯所得，而纯所得的计算相对复杂一些，许多国家规定有复杂的各类宽免、扣除和抵免项目，征税和纳税成本一般高于其他税种，所以个人所得税的行政效率相对较低。但是，税种优劣不能单以行政效率为判断标准。例如，在实践中，各国都不会将行政效率最高的人头税作为主要税种，没有哪一个现代国家征收人头税。一般说来，内容越复杂、越精细的税制，其征纳成本就越高，行政效率越低。内容越简化的税制，行政效率越高，但可能会有较多漏洞，给避税活动提供可乘之机，扭曲人们的经济抉择，影响税收的经济效率，另外还可能缺乏公平性。

因此，仅从个人所得税效率的角度看，个人所得税的经济效率和行政效率之间、税制的完善和简化之间就存在着矛盾。个人所得税效率的提高可以从两方面入手，一是税制的合理简化，二是个人所得税征管水平的提高。

四、个人所得税公平与效率的权衡

税收的公平原则与效率原则既存在冲突与矛盾，又必须兼顾统一。例如，对商品劳务的课税，由于纳税人可以通过提高价格将税收负担转移给买家，最终转移给消费者，即纳税人不是税收负担的最终承担者，征税的阻力比较小，同时可以通过对不同产业、产品成本实施差别待遇促进经济发展，一般认为商品劳务税是有效率的；但由于商品劳务税无法体现量能负担的原则，被普遍认为是有累退性的税类，税收负担是不公平的。个人所得税对个人的纯所得征税，是符合公平原则的，但由于会产生收入和替代效应，进而扭曲个人在工作与闲暇之间的选择，又不符合中性原则。而符合中性原则、有较高效率的人头税，公平性却很差。个人所得税具有税收负担公平合理的优点，其缺点是应纳税所得额计算过程复杂、征纳效率不太高。所以，才有公平与效率难以兼顾的说法。一般来说，很难见到高效率、高公平的税种，要么是高效率、低公平的税种，要么是低效率、高公平的税种，或者是两者并重的税种。两者并重，中等效率和中等公平的组合，并不一定不是理想的状态。

所以，对税收公平与效率的研究必须综观整个税制而不能仅局限于某一具体税种。单就某一税种看，可能无法兼顾效率或公平，但一个国家的税制可以通过税种之间的互相补充，如一些税种是高公平的、另一些税种是高效率的，形成一个兼顾公平与效率的税制。

个人所得税的公平和效率既存在矛盾，又互相促进、互为条件，是紧密相关的关系。

首先，个人所得税的公平和效率有矛盾。为了体现公平性，个人所得税制度的设计可能要考虑较多的因素，要尽可能区分纳税人的不同情况规定不同的费用扣除标准，以体现纳税人的税收负担能力。但这可能会增加个人所得税制度的复杂性，影响个人所得税的行政效率；对不同所得区别对待的规定又可能会扭曲纳税人的经济行为抉择，使得个人所得税的经济效率降低。

其次，个人所得税的效率是公平的前提。如果征收个人所得税影响了经济发展，虽然税收负担公平，但这样的税制是不可取的。个人所得税以充裕的国民收入为税源，如果影响经济发展、没有效率，个人所得税就成了无源之水，公平就没有了载体。所以，个人所得税的效率是公平的前提。

最后，个人所得税的效率是以公平为必要条件的。尽管公平要以效率为前提，但没有公平性的税收，效率也不会高。如果个人所得税不公平，会挫伤纳税人工作、经营的积极性，从而使社会生产缺少活力和动力，甚至还会引致社会矛盾，当然也就谈不上效率了。所以，个人所得税的效率是以公平为必要条件的。

从个人所得税的实践来看，公平和效率两目标存在着冲突和取舍的问题。许多发达国家的税制实践证明：虽然累进税率有助于公平，但过高的累进税率会降低经济效率、扭曲纳税人的经济行为。目前，我国的市场机制仍不够健全，存在收入分配差距过大等问题。个人所得税的特征决定了其调节收入分配差距的作用比较强，所以，其首要目标应该是促进公平，当然，也不能过分强调公平性而妨碍经济效率，对经济产生不良影响；必须根据国家经济和社会环境的变化，对个人所得税的公平和效率之间的平衡关系进行调整。在现阶段，我国个人所得税的改革、完善应该强调公平、兼顾效率，充分发挥个人所得税调节收入分配的作用。

第二节　最优个人所得税理论

早在 100 多年前就有学者进行最优税制的研究了，在此过程中，最优税制和各国的实际税制总存在一定的差距，许多学者都致力于如何减少这种差距的研究。1996 年的诺贝尔经济学奖获得者——詹姆斯·米尔利斯（James Mirrlees）和威廉·维克里（William Vickrey）的最优税收理论，受到了人们的极大关注。最优税制理论利用数学和福利经济学工具，从公平和效率原则出发，通过分析各税种的性质、收入效应、替代效应及其相互关系，试图找出决定最优税制的因素及一般性原则，用以指导税制改革和税收政策的选择。

最优税制理论是规范性的税收经济理论，不能用它来预测现实世界中的税制是什么样，也不能用它来解释这些税制出现的原因。最优税制理论以数理学和经济学知识来分析税收问题，其前提的假设是一种理想化的假定，往往忽略了制定税制所依据的政治制度背景。所以，最优税制理论的意义是：为税制优化提供了思路、方向和方法依据。最优税收理论包括最优商品税——拉姆齐法则（逆弹性命题）、最优个人所得税理论和最优企业所得税理论——乔根森投资模型。这里仅介绍最优个人所得税理论。

最优个人所得税是最优税收理论的一个组成部分，该理论有一系列严格的假设条件。其中最重要的假设条件是：①完全竞争的市场，市场机制能够有效地配置资源；②超强的行政管理能力，政府能很好地运用各种税收工具，且行政管理费用非常低；③标准的福利函数，最优税制追求的目标是实现社会福利的最大化。在这些严格的假设条件下，最优个人所得税理论就是研究制度的设计在效率和公平之间如何取得均衡。

实际上，最优个人所得税理论还未形成一整套完整的理论体系，而是通过建立各种模型来描述研究者自己的观点，其中埃奇沃思（Edgeworth）、米尔利斯（Mirrlees，1971）和斯特恩（Stern，1976）等人建立的模型具有较强的代表性。

一、埃奇沃思模型[①]

1897 年，英国经济学家埃奇沃思以福利经济学理论为基础，研究了最优所得税问题。他建立的模型基于五个假设前提：①每个自然人的效用函数都一样；②效用是收入的增函数，收入的边际效用递减；③社会福利是个人效用函数的简单加总，如果社会中第 i 个人的效用用 U_i 表示，则整个社会的福利函数为 $\sum U_i$；④社会的总收入固定不变；⑤累进税对劳动供给和经济效率没有影响。基于上述五个假设，埃奇沃思将个人所得税的公平和效率问题转化成在一

---

① EDGEWORTH F Y. The Pure Theory of Taxation [J]. Readings in the Economy Taxation, 1987 (6): 2.

定的产出水平、取得一定税收收入的约束条件下，如何使社会福利函数取得最大值的问题。

在社会福利函数取最大值的目标下，进行收入分配的最优化。根据上述假设，每个自然人的效用函数都一样，收入的边际效用递减，要使社会福利最大，每个自然人的效用必须相等，即每个自然人取得的所得都相等。根据上述假设，超过平均水平的所得为所得者带来的效用，小于将该部分所得转移给低于平均水平的其他人所带来的效用。要使社会福利最大，应将富人的部分所得转移给穷人，实现所得均等化。所以，埃奇沃思模型就意味着最优个人所得税制有一个激进的累进税率结构，即对高所得者适用100%的边际税率。

埃奇沃思的分析中存在的最大问题是他的假设条件存在重大的缺陷。如，每个自然人的效用函数都相同。这一点在现实中是不存在的，个人的效用不只是收入的函数，也与个人享有的闲暇多少有关，而且不同的效用函数对社会福利函数的影响不可忽视。埃奇沃思的第4个假设（社会的总收入固定不变）和第5个假设（累进税对经济效率和劳动供给没有影响）是站不住脚的，因为如果不论努力工作与否，都将获得均等的所得，将不会有人努力工作、人们不会积极地进行投资、经营等活动，社会总收入必将减少。

1945年，加拿大经济学家维克里在其论文中指出，按埃奇沃思模型制定税制无法激励个人努力工作，必然会产生税收超额负担。或者说，向高所得者以过高的比例征税，就是向他们额外的努力征收高边际税率的税。这有点儿像对经济博弈中的"胜利者"征税，会妨碍、削弱他们提供工作的基本动力，降低他们努力工作的积极性，使他们将更多的时间和精力用于休闲而不是工作。在税制设计上，超额累进税率虽然体现了纵向公平原则，但过高的边际税率会导致大量的偷懒行为，最终严重降低税制的经济效率。显然，埃奇沃思模型是极其强调最终分配结果的均等的。

二、斯特恩模型

研究最优线性所得税的代表人物是斯特恩（Stern）。线性所得税是指边际税率保持不变的所得税，或者说就是采用比例税率的所得税。研究最优线性个人所得税的意义有两点：一是分析影响最优税率的因素；二是给政府选择税率提供参考。尽管大多数国家个人所得税采用超额累进税率，但由于第一档税率对应的税基很宽，适用该税率的纳税人很多，因此最优线性所得税研究的问题可以为第一档税率的选择提供思路、方法。

在《最优所得税模型研究》中，在考虑个人对所得和闲暇进行选择的条件下，斯特恩研究了个人所得税的累进性，提出了一个线性个人所得税模型，该项模型具有固定边际税率和固定的政府对纳税人的补助额：

$$T = -A + tI \quad A, t > 0$$

其中 T 代表税收收入，A 代表对纳税人的补助，t 代表税率，I 代表纳税人的总所得。从该式可以看出，当纳税人的所得为 0 时，纳税人不但不需要缴税，还可以从政府那里获得 A 元的补助；当纳税人开始有所得时，每增加 1 元的所得，先是从政府那里获得的补助需减少 t 元；当纳税人所得增加到 A/t 时（图 1-1 中的 M 点处），纳税人既不能从政府那里获得补助，也不需要缴税；随着纳税人所得的继续增加，每增加 1 元所得，就需要增加 t 元的税。这里，t 就是边际税率，即新增所得纳税的比例。斯特恩认为目标就是确定模型中最优的对纳税人的补助 A 和边际税率 t，使得国家在实现调节收入分配差距的目标的同时还能使个人所得税的效率损失最小、社会福利最大。为此，斯特恩研究了多种社会福利函数和效用函数（特别是替代弹性为常数时的效用函数）下的最优个人所得税问题，并对政府收入水平和社会福利函数的灵敏度进行了研究。

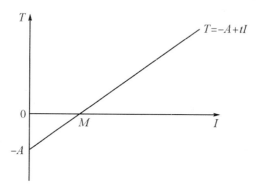

图 1-1　斯特恩线性个人所得税模型

斯特恩通过研究发现，如考虑所得和闲暇之间的适度替代，并且给定政府所需的税收收入数额约等于社会总所得的 20%，则税率 t 约为 19%，会使社会福利最大化。这一税率远小于埃奇沃思模型中 100% 的税率。此外，斯特恩说明了在其他情况不变时，劳动供给的弹性越大，税率 t 的最佳数值就应该越低。

根据税收收入需要、不同的劳动供给函数和公平观点，斯特恩得出了最优线形所得税模型的结论：边际税率与劳动供给弹性负相关。高边际税率会导致实际的劳动报酬率下降，当劳动供给弹性高时，会大大地减少劳动供给量，造成经济效率降低。相反，当劳动供给弹性低时，劳动供给量几乎不减少，经济效率不会降低太多。

此外，斯特恩假设每个人的所得–劳动偏好都相同，并且每一所得–劳动偏好相对一劳动–闲暇替代弹性，两者是一一对应关系。斯特恩利用数学模型计算出了不同的所得–劳动偏好（劳动–闲暇替代弹性）相对应的最优线性所得税税率。他认为，在所得–劳动偏好一定时，社会希望的公平程度与最优税率之间呈正比关系，即社会希望的公平程度越高，最优税率就应该越高；在社会公平观念一定时，最优税率与替代弹性呈反比，即替代弹性越小，最优税率就应该越高；替代弹性越大，最优税率就应该越低。

最优税率与劳动供给的弹性、税收收入的需要量和公平的判断密切相关，如果这些参数能够确定，最优税率就可以计算出来。斯特恩的这一分析，反映了单一税的基本特征和优点。

斯特恩分析的局限性是限制了所得税制只能有一个边际税率。梅歇尔、斯莱姆罗德等在斯特恩模型的基础上研究了两个边际税率，进行了一般化分析。他们分析：如果引入第二个边际税率，则处于高所得阶层的人应该面对比较低所得阶层的人较低的边际税率，亦即：通过降低高所得者的边际税率，他们会提供更多的劳动，而且，更多劳动所得增加的税收收入又可用来降低低所得者的税收负担。重要的是，虽然纳税人的边际税率随着所得的增加而降低，但是平均税率却随所得的增加而升高。

邓子基和李永刚（2010）曾在用斯特恩模型估计了部分国家个人所得税最优税率后，提出个人所得税制度与可持续性发展的目标原则要相一致。他们认为最优所得税理论体现了对公平与效率的权衡和社会福利函数选择的考虑，但忽视了税制对经济可持续性发展的影响。他们认为考虑公平会提高宏观税负，考虑效率会降低宏观税负。我国借鉴吸收斯特恩模型及其估计结果，进行个人所得税制度改革时，首先注重公平原则，尽量兼顾效率原则，以实现经济的可持续发展。进行个人所得税制度改革时，必须考虑劳动–闲暇替代效应，考虑工作性质、工作环境的选择、工作努力程度以及劳动–闲暇替代效应在性别之间的不同等因素。他们认为边际税率过高会使纳税人的税收不遵从行为增多，边际税率高，取得的税收收入不一定多。因此，在普遍征税的前提下，为保证公平，个人所得税对低收入者应按低税率征税；为保证经济运行的效率，对高收入者也应按较低的税率征税①。

① 邓子基，李永刚. 最优所得税理论与我国个人所得税的实践 [J]. 涉外税务，2010（2）：23–26.

三、米尔利斯—维克里模型

米尔利斯—维克里模型研究的是最优非线性所得税。非线性所得税是指边际税率随着纳税人所得额的变化而变化的所得税，这种所得税的应纳税所得额和应纳税额之间呈非线性关系。随着纳税人所得额的增加，非线性所得税的边际税率可以增加，也可以减少。最优非线性所得税理论研究的内容是寻找最适合的边际税率结构。目前，被广泛适用的超额累进所得税就是一种非线性所得税。此理论的杰出代表是米尔利斯[①]。

1996 年，米尔利斯和维克里因对激励经济理论做出的奠基性贡献获得了诺贝尔经济学奖。

维克里在《累进税制议程》一书中，研究了在激励和再分配目标之间如何平衡的问题。他认为，最优化问题就是社会所有成员的效用总和最大化，政府必须充分考虑不完整、不对称的私人信息的存在。因为所得多要适用更高的税率，会使能力高的高所得者减少工作时间和降低努力程度，减少应税所得，以换取其他非货币收益。如果没有不完整、不对称的私人信息的存在，即政府知道每个人的内在劳动能力，则使个人税后工资收入等于个人的内在劳动能力的税制就是最优税制。但是政府无法获知每个人的内在劳动能力，政府只能观察到个人的努力程度。建立真实反映社会成员能力的激励机制就成了税制优化的目标。为此，维克里提出了一个以个人的消费、产出和劳动努力程度为变量的个人效用函数。但是，并没有最终解决最优税制问题，这个问题后来由米尔利斯解决。

为了设计出最优的所得税制，米尔利斯假定消费与闲暇可以互相替代，构造出个人效用无差异曲线。米尔利斯还提出了单交叉点条件，为了使自己的效用最大化，能力不同的人会根据自己的效用函数选择工作时间和努力程度，能力高者应该选择多工作。如果真的如此，政府可以实现自己的征税目标。但是税收政策必须起正向激励作用，能力高者才可能选择多工作，因此，税率应该是非线性的。在劳动者效用最大化、税收收入最大化、劳动能力分布状况、不确定性以及无外部性等严格假设条件下，米尔利斯得出如下结论[②]：

（1）边际税率应等于或大于 0 而小于 1。因为如果边际税率是 1，纳税人的新增所得全部用于缴税，没有人会去增加工作增加所得，税前所得就不会增加，政府的税收收入就不可能增加，所以，最高边际税率一定要小于 1，不能

---

① MIRRLEES J. An Exploration in the Theory of Optimal Income Taxation [J]. Review of Economic Studies，1971（2）.

② 同①.

等于 1。

（2）对纳税人最高所得的边际税率应为 0（如图 1-2 所示），纳税人的所得超过 Y_2 美元时。因为在税率表既定的情况下，纳税人在赚得 Y_2 美元之前，随所得的增加其适用的边际税率持续提高，当纳税人的所得达到 Y_2 美元之后，其新增所得适用的税率是 0，也就是说新增所得不须缴税，那么，纳税人就可能因边际小时的报酬上升而决定要多工作、多挣所得。这样，该纳税人的境况变好了，其纳税总额没减少，政府的税收收入也没有减少。所得超过 Y_2 美元的所得者效用增加，其他人和政府的效用没有减少，实现了帕累托改善。

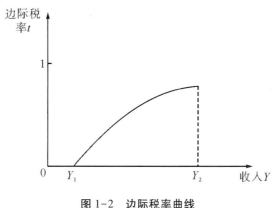

图 1-2　边际税率曲线

（3）具有最低所得的人，如图 1-2 中所得低于 Y_1 的人，如果他们是按最优状态工作的，则对他们的所得不应该征税，或者说他们的所得应适用零税率。

根据自己建立的模型，米尔利斯计算了最优所得税完整的税率表，其边际税率曲线呈"n"字形，即边际税率随着所得的增加先由接近于零逐渐提高，然后再逐渐降低，最终降为零，如图 1-3 所示。

米尔利斯认为，如果信息对称，政府能充分了解社会成员的实际能力，根据社会成员的实际能力征税，是很公平的；如果信息不对称，前述方法不可行，政府应该激励个人自愿显示其实际能力。在多数情况下，个人是否愿意显示自己的实际能力，与税率的高低关系密切。

米尔利斯模型重点研究了个人所得税的边际税率，其结论的重要性不在于让政府削减最高所得档次的税率，而是发现了个人所得税采用累进税率存在的问题。对高所得者课征重税不一定能最大化低收入者的福利[①]。

---

① 王闻.诺贝尔奖得主詹姆斯·米尔利斯及其学术贡献［J］.经济学动态，2004（6）：7-10.

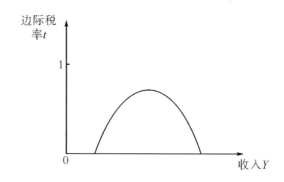

图 1-3　最优所得税税率曲线

四、关于最优所得税理论的思考

最优所得税的研究都是在严格的假设条件下进行的，假设条件不同得出的结论也不同。比如，米尔利斯得出应对高所得者实行零边际税率的结论；因选用的效用函数不同，戴蒙得（Diamond，1998）得出的结论完全相反：对高所得者应提高税率。另外，不重视税收征管成本、无法实现假设条件，使得最优所得税研究难以形成完善的税收理论体系。但是，在个人所得税的改革完善中，最优所得税理论仍有一定的参考和借鉴意义。

结合最优个人所得税理论，在个人所得税制优化方面，笔者有以下几点思考：

（1）所得和闲暇之间的关系问题在埃奇沃思模型和斯特恩模型中都有探讨，我们在设计个人所得税制时应该关注闲暇与所得的替代效应，提高个人所得税的经济效率。个人所得税要想真正达到横向公平和纵向公平的效果，必须实行综合所得税制或交叉型的分类综合所得税制。

（2）米尔利斯认为应对高所得者实行零边际税率，政府应该削减最高所得者的边际税率，这一观点是针对当时美国的税制。我国个人所得税的改革完善要应用此观点，还必须与我国的国情相结合。在我国，大部分个人所得税收入都来自工薪收入、工薪阶层，真正的高所得者只缴纳相当少的部分，并没有被纳入超额累进税率的适用范围。在这种情况下，我们无法依照他们的模型办事，所以，从我国的实际国情出发，为确保个人所得税调节收入作用的发挥，就要将所有的所得都纳入超额累进税率适用的范围。

（3）最高边际税率不能也不必太高。根据米尔利斯"应对高所得者实行零边际税率"的结论，我们可以认为：即使把穷人的福利放在重要位置，也不须通过高边际税率使社会福利函数取得最大值。也就是说，不须通过高边际税率去增加穷人的福利。太高的边际税率会抑制个人工作、生产经营的积极性，不利于国民经济的稳定增长。此外，太高的边际税率会增加逃税的动力，增加征管的难度，会降低个人所得税的经济效率和行政效率，使个人所得税的作用不能得以充分发挥。所以，即使要突出公平原则，我国的个人所得税也不须太高的边际税率。我国工资薪金等劳动所得适用的超额累进税率，最高边际税率高达45%，极其不利于我国吸引他国的高层次人才，并可能造成我国高层次人才的流失。所以，我们进行交叉型分类综合个人所得税制设计时，应该适当地降低最高边际税率。

（4）我国个人所得税生计扣除标准固化、僵硬。我国个人所得税的生计扣除标准的调整需要经过全国人大修订税法进行，显得有些固化、僵硬。随着经济的发展，我国个人所得税的生计扣除标准虽然调整了几次，但每次调整两三年之后公众又会认为个人所得税的生计扣除标准偏低了。个人所得税的生计扣除标准应该如何科学地制定，也是优化我国个人所得税的一项重要内容。

第三节　单一税理论与实践

一、单一税理论

美国斯坦福大学的罗伯特·霍尔和阿尔文·拉布什卡在1985年出版的《单一税》一书中论述了单一税理论。两位学者建议简化税制，对个人或公司取得的各种所得，都按同一税率征一次税，这种税制被称为单一税①。按照他们的论述，单一税可以分成两部分：对个人征的所得税和对企业征的营业税。笔者仅介绍对个人征的所得税部分。

单一税是指以单一税率向个人征收的所得税，可以用图1-4表示。其主要特点有：废除特别税收优惠，各种所得和各类纳税人被同等对待，个人所得（I）只被课税一次；税率单一；纳税申报表非常简单。为了体现税制的累进性，单一税对个人所得征税规定了免征额（m），只对超过免征额（m）的部分所得征税。用公式表示，即：

当 $I \leqslant m$ 时，$T = 0$，

当 $I > m$ 时，$T = (I - m) t$

---

① 朱为群，陶瑞翠.当代世界各国单一税改革的特征分析［J］.审计与经济研究，2016（3）：92-100.

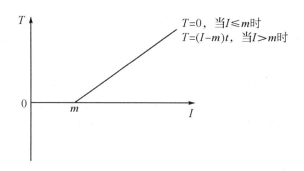

$T=0$，当$I \leqslant m$时
$T=(I-m)t$，当$I>m$时

图 1-4 单一税图示

从理论上看，单一税具有公平、效率高和简化的优点，能促进储蓄及投资。第一，通过设计个人及家庭的免征额，单一税也具有一定的累进性，有利于公平的实现。第二，由于废除特别税收优惠，单一税的征税范围特别宽①，其税率相对来说比较低。低税率能减少纳税人在工作与闲暇之间选择的扭曲，减弱纳税人的避税动机，提高税制的经济效率和行政效率。第三，单一税简单明了，能极大地降低征税成本和纳税成本，提高税制的行政效率。第四，单一税有效地解决了对资本利得和股息所得的重复征税问题，有利于促进投资，单一税对储蓄收益不征税，有十分明显的鼓励储蓄的作用。

二、单一税的实践

1994 年，爱沙尼亚开始实施单一税。爱沙尼亚当时的总理马特·拉尔第一个在全球颁布实施了单一税，使得该国很快克服了当时严重的财政危机，经济增长率达到 7%②。爱沙尼亚的单一税率最初为 26%，现在已降到了 20%③。自 2015 年 1 月 1 日起，每个人每一纳税期基本扣除额为 1 848 欧元，养老金不超过 2 640 欧元。

后来，其他一些国家也实施了单一税。首先是立陶宛于 1994 年实施了33% 的单一税，拉脱维亚于 1995 年实施了 33% 的单一税；俄罗斯于 2001 年实行了 13% 的单一税。税制改革是俄罗斯联邦 2001 年经济改革的重点内容之一，（而其中）将个人所得税的税率从原来 12%～30% 的 5 级超额累进税率改为

---

① 这是就整个单一税制来说的，包括对企业所得和个人所得征收的单一税。

② 张文春. 世界正在变平·单一税制越来越得到各国的青睐 [N]. 中国财经报，2007-10-09 (006).

③ 该税率自 2015 年 1 月 1 日起适用，参见：Income Tax Act, https://www.riigiteataja.ee/en/eli/ee/Riigikogu/act/520012015019/consolide.

13%的比例税率，这一税率与俄罗斯原来实行的个人所得的最低边际税率12%几乎持平。"如此低的税率既意味着强有力的减税，还意味着征收手续的空前的简化。……俄罗斯联邦的税收收入按照通用调整后计算，比上年增长了28%。……俄罗斯联邦以较低的税率取得了超过5%的经济增长……"在不足三年的时间内，俄罗斯的税收收入实现了翻番。

拉脱维亚的个人所得税税率 2014 年为 24%，2015 年为 23%，2016 年为 22%[1]。

2003 年，塞尔维亚实施了税率为 14% 的单一税；2004 年，斯洛伐克实施了税率为 19% 的单一税率；2005 年，罗马尼亚实施了税率为 16% 的单一税。2004 年，格鲁吉亚和马其顿都得到本国国会批准，实施税率为 12% 的单一税[2]。

保加利亚和阿尔巴尼亚在 2008 年实行税率为 10% 的单一税，而捷克在 2008 年实施税率为 15% 的单一税。黑山共和国 2007 年和 2008 年的个人所得税税率为 15%，2009 年为 12%，自 2010 年开始个人所得税税率为 9%[3]。

实施单一税的结果是非常令人满意的。经济曾非常落后的斯洛伐克在 2007 年成为一个就业增长迅速、GDP 增幅高达 9% 的国家，同时地下经济大大减少，投资环境改善并吸引了来自日本和韩国公司的数十亿美元投资。

个人所得税由累进税率改为比例税率的国家有：保加利亚（2008 年），10% 的税率（对独资企业主按其净所得的 15% 征税，对股息征 5% 的最终预提税）；捷克（2012 年），15%；匈牙利（2011 年），16%；牙买加（2011 年），25%；罗马尼亚（2011 年），16%；俄罗斯，13%（2000 年）[4]。匈牙利自 2016 年 1 月 1 日起，个人所得税税率又降为 15%[5]。

虽然，实行单一税的国家在不断地增加，但也有部分国家走了回头路，即个人所得税重新采用超额累进税率，不再采用比例税率。如 2010 年塞尔维亚、冰岛，2011 年乌克兰、伊拉克，2012 年捷克，2013 年斯洛伐克，2014 年阿尔

---

① 参见：Rimsevics：idea of reduced personal income tax rate should be dropped in Latvia, http://www.baltic-course.com/eng/analytics/? doc=106759.

② 张文春. 世界正在变平·单一税制越来越得到各国的青睐 [N]. 中国财经报, 2007-10-09 (006).

③ 参见：Law on Tax on Income of Physical Persons, Official Gazette of the Republic of Montenegro, numbers 65/01, 12/02, 37/04, 29/05/, 78/06, 04/07. http://www.docin.com/p-521976457.html.

④ 国家税务总局税收科学研究所. 外国税制概览 [M]. 4 版. 北京：中国税务出版社, 2012：52, 82, 144, 196, 325, 333.

⑤ 参见：http://www.tmf-group.com/en/media-centre/news-and-insights/january-2016/pit-changes-hungary? sc_trk=relatedContent.

巴尼亚的个人所得税都重新采用了超额累进税率①。

三、单一税的特征

从实施单一税国家的实施情况来看，单一税有两个特征：①税率单一且较低；②规范的税基。

一是税率单一且较低。单一税要求所有或绝大多数纳税人都按同一比例税率计算缴纳税款。标准的单一税要求整个税基都适用同一比例税率，但实践中各国都有免征额的规定，超过免征额的部分适用同一比例税率，免征额之内的所得免予征税，实际税率为0。由于免征额的存在，纳税人的平均税率随着其税基的增加而逐渐提高，所以，单一税实际上也具有累进性，累进程度随着免税额和税率的不同而不同。实施单一税的大多数国家，其税率与其原来实施的累进税率相比，都有所降低，特别是进入21世纪后实施单一税的国家，其单一税税率仅稍高于原来超额累进税率的最低档边际税率。各国的单一税税率基本低于20%②。

二是规范的税基。单一税应税所得的计算除了有与取得所得直接相关的经营费用的扣除和与个人基本生活直接相关的生计扣除（免征额）之外，不再有其他税收优惠规定，所以，税基很规范。一些西方学者把这一特征称为"整洁的"税基。单一税的这一特征使税制更加中性。与单一税相反，一般所得税的税基是不够规范的，规定了过多的各种税收优惠，使税基受到侵蚀、税收收入减少。

四、单一税的优缺点

单一税的优点有三个：一是税制简化、效率高。单一税实行标准扣除、单一比例税率，这样，纳税人可以不必考虑税收的因素，而完全按照经济效率的要求做出各种经济决策。单一税在计算上的简便性对提高税收的行政效率和经济效率都有积极的意义。可以说，单一税是现代社会中征收成本最低、效率最高的税种。二是公平性强。因单一税废除了税收差别待遇，没有了避税空间和机会，横向公平更容易实现。单一税规定的免征额高，使得一些低收入的家庭不用缴税，单一比例税率加上高的免征额，使得纳税人的税收负担有一定的累进性，实现了纵向公平。所以，单一税的公平性强。三是可促进经济增长。单

---

① 朱为群，陶瑞翠. 当代世界各国单一税改革的特征分析［J］. 审计与经济研究，2016（3）：92-100.

② 同①.

一税清理了税收优惠，扩大了税基，采用较低的比例税率，有助于提高人们工作、投资和经营的积极性，对经济增长有刺激的作用。

单一税的主要缺点有两个：一是单一税的累进性弱，调节收入分配的作用不大。二是短期内可能会减少税收收入。虽然东欧一些国家单一税的实施证明，税率降低带来的税收收入减少可以通过扩大税基、加强征管和经济增长得到弥补。但实施单一税仍存在税收收入减少的风险。

我国民众希望个人所得税能起到调节收入分配、缩小贫富差距的作用，实施单一比例税率的个人所得税不符合民众的期盼。但是，我国是发展中国家，地区间的经济发展很不平衡，税收征管的成本也较高，效率较低。在进行个人所得税税制设计时，可以借鉴单一税理论所传达的思想和有益做法，如取消和减少某些特定类型的税收优惠，以提高效率、降低税收成本。又如，单一税通过较低的比例税率刺激经济增长，在我国目前经济下行压力比较大的情况下，个人所得税可以考虑用档次少、最高边际税率不太高的超额累进税率结构刺激投资增长，以提振经济。

第四节　个人所得税的累进性研究

个人所得税累进性的影响因素很多，并不仅限于人们通常认为的累进税率结构，税法中的每一条款都有可能对个人所得税的累进程度产生影响。税制要素的不同组合可能会带来不同的累进性，即使累进性相同，其管理成本也可能相差甚远。

一、国外的相关研究

法赫勒（Pfahler，1990）认为影响税制的累进程度的因素有三个：税率结构、免税额和费用扣除项目。迪里帕拉和帕芭潘阿高斯（Delipalla & Papapanagos，1996）分析研究了税收减免和费用扣除项目影响税制累进程度的各自特征。肯（Keen，1996）等认为费用扣除项目、免征额和优惠政策的变动会影响税制整体累进程度。

在前人研究的基础上，亚当·瓦格斯塔夫（Adam Wagstaff，2001）建立了税制累进性分析模型，将税率结构、费用扣除项目、免征额和税收优惠政策四个因素考虑进来，对15个经济合作与发展组织（OECD）国家20世纪80年代中期的税制的累进程度进行了实证分析，他认为从总体上看，这些国家个人所得税的税率结构、免征额和税收优惠政策提高了累进程度，但费用扣除项目降低了累进程度。

从理论上看，税收优惠政策会提高个人所得税的累进性，减轻收入分配的不均等程度。这是因为，一是各国在运用税收优惠政策时，通常是针对低收入群体的，如老年人、残疾人等；二是税收优惠政策增加了受惠者的可支配所得，如果低收入者在受惠者中占大多数，则税收优惠政策使得税后所得分布更均等。

但是，实践的结果并不尽如人意，运用税收优惠政策并不总是带来更加公平的收入分配。瓦格斯塔夫对 15 个 OECD 国家的个人所得税累进性进行研究后发现，法国和澳大利亚的税收优惠政策降低了个人所得税的累进性。

在假设纳税人风险中性，实行累进税率的条件下，斯瑞尼瓦桑（Srinivasan，1973）建立逃税模型研究认为，如果逃税行为被发现的概率与实际收入的高低无关，或者被发现的概率是实际收入的递减函数，则逃税行为将增加税后收入分配的不公平性。

综上所述，在纳税人和收入分布一定的条件下，个人所得税的累进性或者说调节收入分配的作用取决于税制要素的设计和纳税人的逃税行为两个方面。

二、国内的相关研究

对个人所得税累进性的研究，国内学者侧重于定性分析。

郭庆旺（1995）认为，1981 年美国的税收支出[①]是向高收入阶层倾斜的。年收入在 10 万美元以上、占纳税人数不到 1% 的人得到的税收支出占了 9%，而调整后毛所得小于 1 万美元的、占总人数 36.7% 的最低收入者得到的税收支出只有 13%。所以，1981 年美国的税收支出累退性很强，不利于收入分配的公平[②]。郭庆旺（2001）认为，个人所得税累进程度的衡量，如果以黑格-西蒙斯的综合所得概念计算的毛所得为基础，则有四个决定因素：税率、所得来源、纳税单位和纳税扣除。他认为，各国虽然都采用超额累进税率，但税率结构差异很大，税率档次少的重视征管效率，税率档次多的强调累进性，重视个人所得税调节收入分配的职能；如果负担能力由家庭所得决定，则以家庭为纳税单位更加公平；如果某些所得如资本所得不在征税范围中，或者按较低的比

---

① 也称"税式支出"，是指那些与正规税制结构相背离的特殊减免条款项目构成的"税收支出体系"。其具体可定义为：以特殊的法律条款规定的、给予特定纳税人或特定类型活动的各种税收优惠待遇而减少的税收收入。

② 郭庆旺. 税收与经济发展 [M]. 北京：中国财政经济出版社，1995：217.

例税率征税，则个人所得税的累进性就很弱；免征额的提高会使低收入者受益，提高税制的累进程度。

陈玉琢、吴兵（2002）假定所得高低不同的 10 个纳税人，按当时工资薪金适用的 5%~45% 的 9 级超额累进税率计算其应纳税总额，以此为参照，在征税总额基本不变的前提下，再分别与假定有免征的比例税率、较低档次的超额累进税率等税率形式相比较纳税人的平均税率，以得出关于税率各要素对累进性影响的效果。他们认为税率形式、最初税率、边际税率、税率级数都影响着个人所得税的最终累进程度；在个人所得税收入既定的情况下，超额累进税率则对高收入者的调节力度大，而有免征额的比例税率调节中低收入者的力度大。在采用超额累进税率时，最低和最高税率都会影响累进性，但对不同收入阶层的影响两者有差异：在个人所得税收入既定的条件下，提高最低税率，增加了收入分布的前半部分的累进性，但对整个税制累进性的影响不确定；在个人所得税收入既定的条件下，提高最高税率需要施以较高的免征额，这样，会让部分有纳税能力的中等收入者不需纳税，同时会使高收入者产生替代效应，降低工作努力程度，影响经济增长，也不利于调节收入分配目标的实现。

许评（2004）通过理论分析和数学建模，从两个方面研究了个人所得税的累进性：一是累进性如何在效率和公平之间进行权衡，二是整体累进性的影响因素及其作用。许评认为个人所得税累进性的影响因素有：免征额、费用扣除项目、税率、税收优惠政策和逃税[①]。

出于反映税收制度的设计和纳税人的避税行为的考虑及对影响因素的权衡，许评在瓦格斯塔夫的四个因素（税率结构、费用扣除项目、免征额和税收优惠政策）的基础上，增加了逃税因素，重新建立个人所得税累进性分析模型。其得出的结论是：个人所得税累进性受税率结构、费用扣除项目、免征额和税收优惠政策和逃税五个因素的影响。税率结构对累进性的影响，依赖于应纳税额和应纳税所得额的分布状况，如果前者比后者分布得更不均等，则税率结构更增强税制的累进性；费用扣除项目对累进性的影响，取决于费用扣除额占税前收入的比例，该比例越大，越会减弱累进性。免征额对累进性的影响，取决于免征额和税前收入的分布，如果前者比后者更均等，且免征额占税前收入的比例越大，越能增强累进性。税收优惠政策对累进性的影响，取决于税收减免额和税前收入的分布，如果前者比后者分布更均等，会增强累进性。逃税对累进性的影响，取决于逃税额的分布，逃税分布比较均衡时会增强累

---

① 许评. 影响收入分配的个人所得税累进度研究 [D]. 武汉：华中科技大学，2004.

进性。

从上述学者对个人所得税累进性研究的成果，我们可以得出一些重要结论：如果免征额占收入的比例是低收入者大于高收入者，则比例税率也具有一定的累进性；如果高收入者大于低收入者的，则免征额会降低累进性。如果不论收入的大小，免征额是固定的，免征额占收入的比例一定是低收入者大于高收入者，所以固定的免征额会增强税制的累进性。2018 年前我国实行的个人所得税制度是分类税制，除了获得工资薪金所得和生产经营所得的个人生计费用扣除（免征额）是固定的之外，其他所得项目如劳务报酬所得、稿酬所得等在一次收入超过 4 000 元时都是定率扣除的，另一些项目是没有免征额的，所以说，就目前我国实行的个人所得税制度，只有工资薪金所得和生产经营所得以及劳务报酬所得（因对一次收入畸高的有加成征收的规定）有一些累进性，其他所得项目的征税都没有什么累进性。2019 年我国实施的个人所得税仍有一大半的项目是分类征收的，而高收入者一般有较多的其他所得，所以，我国的个人所得税的累进性并不高，也就是说，实际上该税目前难以起到调节收入分配的作用。

目前，我国需要公平性较高或者说累进性较高的个人所得税制。一般说来，综合所得税制公平性较高，但由于其对纳税人素质和征管水平的要求较高，而我国公民的纳税意识较为淡薄，税收的征收手段也相对落后，个人所得税直接采用综合所得制有一定的困难，因此，目前我国个人所得税的纵深改革适宜采用交叉型分类综合所得税制。

第二章　我国个人所得税制的沿革及存在的问题

　　个人所得税也称现代直接税，于 1799 年创立于英国。因为个人所得税在筹集财政收入的同时，能够调节贫富差距和促使宏观经济平稳运行，所以大多数国家都开征了个人所得税。在西方发达国家的税制结构中，个人所得税是最为重要的税种。例如，1950—2010 年，个人所得税在美国联邦政府的税收收入中都占到 40% 以上，2010 年这一比重为 41%，见图 2-1[①]。2003—2018 年，个人所得税在我国税收收入中所占的比重见表 2-1。从表 2-1 可以看到：2003 年个人所得税占到 7.08%，这一比重在 2005 年达到 7.28% 后又有所下降，2012 年仅为 5.78%，此后逐渐回升，2018 年达到 8.87%。所以，相比发达国家，个人所得税是我国非常有提升空间的税种之一。

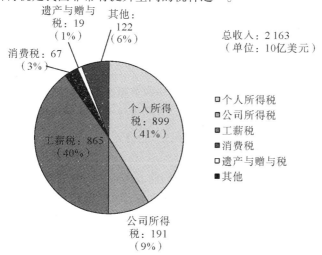

图 2-1　2010 年美国联邦政府税收收入来源图

---

①　参见 http://en.wikipedia.org/wiki/Income_tax_in_the_United_States.

表 2-1　2003—2018 年中国个人所得税占税收收入的比重

年份	2003	2004	2005	2006	2007	2008	2009	2010
比重/%	7.08	7.19	7.28	7.05	6.98	6.86	6.64	6.61
年份	2011	2012	2013	2014	2015	2016	2017	2018
比重/%	6.75	5.78	5.91	6.19	6.90	7.74	8.29	8.87

数据来源：根据国家统计局网站公布的统计数据计算得出。

相较于西方发达国家，个人所得税在我国的开征不仅时间较晚，且过程复杂。我国现行的个人所得税制存在的问题很多，有大的方面，如税制模式的选择、税收管辖权的确定等，也有细节方面的，如某项收入如何计算应纳税额、优惠项目是否合理等。

第一节　我国个人所得税制的沿革及特点

一、我国个人所得税制度的沿革

受欧美税制影响，清末宣统年间（约 1910 年），政府有关部门曾起草《所得税章程》，准备开征个人所得税，但还未来得及开征，清政府就被推翻了。

北洋政府时期是一个动荡不安的年代，政府机器的运转朝不保夕，西方思想已经传入中国，西方势力也已经渗入中国。北洋政府继承清政府的思路，于 1914 年颁布了《所得税条例》，这是中国历史上第一部关于所得税的法规。由于讨袁护国战争的爆发，《所得税条例》没有被实施。1920 年，北洋政府在财政部内成立"所得税筹备处"，负责个人所得税的开征准备事宜，计划于 1921 年开征。由于当时军阀混战，各省的议会和商会纷纷反对，这次所得税最终仍未能开征。

国民政府时期的税收制度逐渐受到西方的影响。国民政府在 1927 年曾计划推行所得税制度，但因国民政府聘请的美国顾问提出中国不可能实施所得税法，所以没有开征。国民政府为了增加财政收入，于 1935 年再一次提出要开征所得税，并于 1936 年由国民政府立法院通过《所得税暂行条例》，先对薪给报酬和公债利息征收所得税，自 1937 年起对其余所得开始课征。个人所得税制第一次在中国大地上开始实施。1943 年，国民政府又颁布了《所得税法》。

根据制度经济学理论，有效组织是制度变迁成功的关键，在国家生存都困难的情况下强制性制度变迁是很难有效率的。在半封建半殖民地、战争频繁、内忧外患并存的社会环境下，无论如何是难以将个人所得税制度推行开来的。虽然国民政府有了《所得税法》，个人所得税制也没能很好地得以贯彻实施。

中华人民共和国成立后，政务院于1950年颁布《全国税政实施要则》，其中规定对薪给报酬、存款利息和个体工商户的生产经营所得分别征收所得税，这都是对个人所得征收的税。在国民经济恢复时期，考虑到广大职工工资收入较低的情况，薪给报酬所得税并未开征。1952年，全国财经会议和第四届全国税务会议上曾提出要在1956年开征个人所得税，并且就个人所得税草案提出了初步意见。后来，社会主义改造完成之后，我国以公有制经济为主体，并实行统收统支的计划经济，全国实行统一的工资制度，城镇居民的收入水平比较平均，也比较低，所以薪给报酬所得税一直没能开征。由于居民的收入水平比较低，存款自然也比较少，存款利息所得税于1959年停止征收。

新中国成立后至1964年，对个体工商户的生产经营所得，适用21级（1950年是14级）全额累进税率征税，最高税率为34.5%。1964年，根据社会主义改造的政策精神，要限制个体经济发展、要让个体经济的税收负担重于集体经济的税收负担，国务院颁发了《关于调整工商所得税负担和改进征收办法的试行规定》，对个体经济征收工商所得税，采用14级全额累进税率，最高税率为62%，并可加征四成，这使得个体经济的所得税负担率最高可达86.8%。党的十一届三中全会以后，国家允许个体经济适当发展。经国务院批准，1980年财政部下发了《关于改进合作商店和个体经济缴纳工商所得税问题的通知》，对个体经济的所得税负担进行了适当的调整。该通知规定，由各省（自治区、直辖市）人民政府结合本辖区的具体情况，可在相当于手工业集体企业8级超额累进税率的税负水平下对个体工商业户自行规定其负担。

随着党的十一届三中全会决定实施改革开放的政策，我国开始与其他国家进行经济、技术、文化交流，随着交流规模的不断扩大，有越来越多的外籍人员在我国境内取得各种所得；对内改革的深化，也使得中国公民的收入水平不断提高、收入渠道日渐增多。为了在国际经济交往中维护我国的经济权益，同时适当调节个人收入分配差距，1980年9月10日全国人大五届三次会议通过了《中华人民共和国个人所得税法》，该法自颁布之日起实施。财政部于1980年12月14日发布了该税法的实施细则。这是第一部《中华人民共和国个人所得税法》，规定的纳税人包括两类：一类是在中国境内居住的个人，另一类是不在中国境内居住而有来源于中国境内所得的个人。该税法既鼓励外籍人士来中国境内工作或从事其他正常经济活动，又维护了我国在国际经济交往中的税收利益，同时解决了个人收入的涉税问题。该税法最初适用于中国公民和在中国境内的外籍人员，但由于当时中国公民的收入普遍很低，而费用扣除标准是根据外籍人员在中国境内的收入水平确定的，所以，很长一段时间内，收入超过费用扣除标准需要缴纳个人所得税的中国公民很少，亦即中国公民很少成为个人所得税的纳税人。

新中国成立后的很长一段时间里，对除国有企业之外的其他经济主体征收工商所得税。党的十一届三中全会之后，随着改革开放政策的实施，根据经济发展形势的需要，按企业所有制的不同，我国开征了不同的企业所得税。这时的工商所得税就仅对个体经济征收了，且全国各地对个体工商业户征收所得税的规定也各不相同，所以，1986年1月7日国务院颁发了《城乡个体工商业户所得税暂行条例》，该条例自1986年度起施行。自此，对全国个体工商业户的所得征税的制度得到了统一。

随着改革开放政策的实施，中国公民之间的收入差距在逐渐增大，虽然中国公民的收入有了普遍的提高，但仍然很少有中国公民需要纳税。为了缓解社会收入分配的不公、缩小中国公民之间的收入差距，1986年9月25日国务院颁布了《个人收入调节税暂行条例》，该条例规定的纳税人是在中国境内居住的中国公民，该条例从1987年1月1日起施行。自此，《中华人民共和国个人所得税法》就只适用于在中国境内居住的外籍人员了，不再适用于中国公民。

改革开放后出台的上述三部税收法律、法规名义上规定了三个不同的税种：个人所得税、城乡个体工商户所得税和个人收入调节税，但实质上却是对个人所得税这一税种的不同纳税人的区别对待。这三部税收法律、法规，虽然在当时对于维护我国权益、促进我国经济的对外交流与合作、增加财政收入等方面起到了积极作用，但是，随着经济的发展和时间的推移，这三部税收法律、法规并存的状况就显得极不规范。为适应进一步的改革开放和建立社会主义市场经济体制的要求，需要一部统一的《个人所得税法》。因此，全国人大八届四次会议于1993年10月31日对《中华人民共和国个人所得税法》进行了修正。修正后的《中华人民共和国个人所得税法》自1994年1月1日起施行，同时废止了对个人所得征税的两个暂行条例。

在此之后，根据经济形势发展的需要，《中华人民共和国个人所得税法》又经历了六次修正。

1999年的修正主要是为了扩大内需、分流居民储蓄，以应对亚洲金融危机，规定对储蓄存款自1999年11月1日开始滋生的利息所得按20%的比例税率征收个人所得税。

2005 年修正的主要内容有：一是在征管方面要求扣缴义务人要办理全员全额扣缴申报；要求年所得超过 120 000 元的个人要在年终办理纳税申报。二是提高工资薪金所得的费用扣除标准，自 2006 年 1 月 1 日起，从每月 800 元提高到每月 1 600 元。

2007 年 6 月的修正主要是授权国务院可以调整对储蓄存款利息所得征税的政策，亦即授权国务院可以减征或停征对储蓄存款利息所得征收的个人所得税。

2007 年 12 月的修正主要是进一步提高工资薪金所得的费用减除标准，由原来每月 1 600 元提高到每月 2 000 元，自 2008 年 3 月 1 日起执行。

2011 年的修正主要有两个方面：一是再次提高工资薪金所得费用减除标准，由每月 2 000 元提高到每月 3 500 元；二是调整税率，对工资薪金所得适用的税率减少了级数、增加了累进程度，中低工薪收入者的税收负担减轻了，较高工薪收入者的税收负担增加了；对生产经营所得适用的税率调整了级距幅度，纳税人的税收负担减轻了，自 2011 年 9 月 1 日起实施。

2012 年国务院税收主管部门对个人所得税政策进行了调整：一是为进一步公平税负，降低证券经纪人的税收负担，完善了证券经纪人佣金收入征税和税前扣除政策。二是为体现国家对企业工伤职工这部分弱势职工的关心和照顾，增加居民收入，明确对工伤职工及其近亲属按照规定取得的工伤保险待遇，免征个人所得税。三是为鼓励长期投资，抑制短期炒作，促进资本市场长期稳定健康发展，经国务院批准，按持股时间的长短对上市公司分配的股息红利所得实行差别化的个人所得税政策。四是为促进律师行业查账征收个人所得税，完善了律师事务所从业人员个人所得税政策①。

2019 年，我国个人所得税制转变为并立型的分类综合个人所得税制，实现了四类劳动所得的综合征收，考虑到养老、子女教育、后续教育和住房利息、租金的扣除，对税率、居民身份的认证时间标准等因素进行了调整。

二、我国个人所得税的特点

（一）采取并立型分类综合所得税制

个人所得税制有三种类型：综合所得税制、分类所得税制和分类综合所得税制。综合所得税制是对纳税人一个纳税年度的全部纯所得汇总，扣除一定的

---

① 《中国税务年鉴》年鉴编委会. 中国税务年鉴·2013 [M]. 北京：中国税务出版社，2013：130.

生计扣除标准，适用统一的税率计算征税的个人所得税制。分类所得税制是对不同种类的所得规定不同的税率和不同的计算方法征税的个人所得税制。分类综合所得税制是将综合所得税制的计征方法和分类所得税制的计征方法结合起来运用的个人所得税制。我国个人所得税制在 2018 年前是分类所得税制，自 2019 年开始是并立型分类综合所得税制，即将应税所得分为 9 类，税率、费用扣除标准各不相同，计税方法也各不相同，既有按次计征的，还有按月和按年计征的。

（二）超额累进税率与比例税率并用

我国现行个人所得税法中规定的超额累进税率有两个：4 类综合所得适用 3% ~ 45% 的 7 级超额累进税率，生产经营所得适用 5% ~ 35% 的 5 级超额累进税率。20% 的适用于其他所得。

（三）生计费用扣除标准化

在各国，个人所得税都规定有生计费用扣除，只是扣除额度和方法各有差异。2018 年 9 月之前，我国对纳税人的工资薪金所得，每月一般减除 3 500 元，对涉外人员增加 1 300 元的附加减除费用，该附加减除费用最高曾达 3 200 元；对从事生产经营的个人也是每月 3 500 元的生计费用扣除标准；对稿酬、劳务报酬、特许权使用费和财产租赁所得：每次收入不超过 4 000 元的，扣除费用 800 元；4 000 元以上的，扣除收入的 20%；对前述所得以外的其他所得不允许扣除费用。2018 年 9 月起我国对纳税人的工资薪金所得，每月减除 5 000 元的费用，自 2019 年 1 月 1 日起，4 类综合所得每年共可以扣除 6 万元及专项扣除和专项附加扣除，有经营所得但没有综合所得的纳税人也可以扣除 6 万元。专项扣除包括居民个人按照国家规定的范围和标准缴纳的基本养老保险、基本医疗保险、失业保险等社会保险费和住房公积金等，都是标准化的；专项附加扣除包括子女教育、继续教育、大病医疗、住房贷款利息或者住房租金、赡养老人等支出，要么是定额扣除，要么是限额扣除实际发生的费用，比较标准化。

第二节　我国个人所得税制存在的问题

一、个人所得税的法律条文过于简单

1980 年 9 月 10 日全国人大五届三次会议通过并颁布了《中华人民共和国个人所得税法》。由于受立法时经济形势和立法技术的限制，该法仅有 15 条

2 200 多字，条文过于简单，语言也比较抽象，虽然经过 1993 年、1999 年、2005 年、2007 年 6 月、2007 年 12 月、2011 年 6 月和 2018 年 8 月 31 日的七次修正，但其条文过于简单等问题却没有得到有效改善。

个人所得税的征收和管理涉及的纳税人众多，许多问题应在《中华人民共和国个人所得税法》和《中华人民共和国个人所得税法实施条例》（以下简称《个人所得税法实施条例》）中做出明确规定。但是，现行的《中华人民共和国个人所得税法》全文仅有 22 条，比 2011 年版的税法增加了 7 条，《个人所得税法实施条例》全文也仅有 32 条，比 2011 年版实施条例的 48 条，还减少了 16 条。许多应该明确的问题，在税法和实施条例中没有得到明确，使得税法和实施条例不能很好地起到个人所得税征纳行为规范的作用。

1997 年国家税务总局颁发了《个体工商户个人所得税计税办法（试行）》（国税发〔1997〕43 号），2014 年 12 月 19 日国家税务总局 2014 年度第 4 次局务会议审议通过了《个体工商户个人所得税计税办法》（国家税务总局令 2014 年第 35 号），新的计税办法出台了。虽然新的《个体工商户个人所得税计税办法》中明确规定原来的《个体工商户个人所得税计税办法（试行）》同时废止，但 2016 年 11 月 26 日国家税务总局网站的法规库显示国税发〔1997〕43 号文即老的计税办法仍然有效，此类情况有很多。截至 2016 年 11 月 26 日，国务院税务主管部门发布的与个人所得税相关且有效的政策文件达 283 个，涉及个人所得税的各要素，如确定纳税义务、减免项目、税额计算方法、税收征管等，小到法律条文中某一词句的解释，大到某一行业的个人所得税征管办法。这会给纳税人学习运用税法造成困难和混乱。由于个人所得税税法及实施条例缺乏操作性，国务院税务主管部门出台了过多的"政策规定""征管办法"等进行解释和补充。地方政府和下级税务机关也普遍越权参与解释，如私自提高费用扣除标准或擅自扩大免税项目、变通计算应纳税额的方法和征收方法，使国家税收流失，也造成不同地区之间纳税人的税负不公平。

二、税收负担不公平，调节收入分配差距的能力有限

我国的个人所得税制在 2018 年新个人所得税法出台之前实行的是分类所得税制，这种税制的特点是不同项目的所得、同一项目不同时间的所得都是独立计税。这一特点决定了这种税制无法正确衡量纳税人的纳税能力，无法做到对所得多者多征税、对所得少者少征税，无法在总体上实现税负公平，也就不能调节个人收入分配。

一般认为，基尼系数在 0.2 以下时，社会收入分配绝对平均；在 0.2~0.3，社会收入分配比较平均；在 0.3~0.4 ，社会收入分配较为合理；在 0.4~0.5 ，社会收入分配差距较大；在 0.5 以上时，社会收入分配差距悬殊。

表 2-2 为 2005—2014 年中国和俄罗斯的基尼系数比较。

表 2-2　2005—2014 年中国和俄罗斯的基尼系数比较①

年份	2005	2006	2007	2008	2009	2010	2011	2012	2013	2014
中国	0.485	0.487	0.484	0.491	0.490	0.481	0.477	0.474	0.473	0.469
俄罗斯	0.409	0.415	0.422	0.421	0.421	0.421	0.417	0.420	0.419	0.416

表 2-2 中中国的基尼系数是按居民年人均可支配收入即税后人均收入计算的。2005—2014 年这十年间，中国的基尼系数都在［0.469，0.491］这一区间，由此可以看出，我国在 2005—2014 年这十年间，居民的税后收入分配差距仍较大。表 2-2 中俄罗斯的基尼系数是在居民人均收入数据以及住户预算抽样调查数据的基础上计算得出的，都在［0.409，0.422］这一区间，虽然也属于收入分配差距较大的范围，但相对于我国来说情况好了很多。2015 年和 2016 年，我国的基尼系数分别为 0.462 和 0.465②，虽然比前十年的基尼系数低，但还是比俄罗斯前十年的基尼系数高，所以仍不容乐观。

俄罗斯实行的是单一税，其收入分配差距还没有我国大。之所以如此，我认为最重要的原因是我国个人所得税实行分类税制，工资薪金所得适用超额累进税率，其他许多所得适用比例税率。这样，收入虽不算高，但来源渠道仅为工资薪金所得的纳税人可能承担较高的税收负担。由于多种所得都有生计费用扣除标准，来源渠道多的、收入相对更高的纳税人，由于扣除了较多的费用扣除额，且有适用比例税率的所得，其税收负担反倒可能更低。同时，分类所得税制还导致了税基过窄、税率种类和结构过多且税负不均衡等诸多问题。

朱良华（2016）计算了广西城镇居民在 2003—2013 年的税前和税后收入的基尼系数、MT 指数、各阶层平均税率等指标。计算结果表明，广西在这 11 年中，除了 2005 年、2010 年和 2011 年这 3 年的税后基尼系数略低于税前基尼系数外，其余 8 年的税后基尼系数都稍高于税前基尼系数。这表明：个人所得税在广西对收入差距的调节作用十分有限，在这 11 年的大多数年份甚至出现

① 数据来自国家统计局网站。中国的基尼系数是按居民年人均可支配收入计算的，俄罗斯 2014 年的数据为初步数据。

② 数据来源：国家统计局局长就 2016 年全年国民经济运行情况答记者问［EB/OL］．（2017-01-20）［2021-06-30］．http://www.stats.gov.cn/tjsj/sjjd/201701/t20170120_1456268.html.

了逆向调节①。

自 2019 年起，我国个人所得税实行并立型分类综合所得税制，由于 9 类应税所得中有 4 类所得项目采用比例税率，综合所得和经营所得分别采用不同的超额累进税率，所以仍然无法做到所得多的多缴税、所得少的少缴税，调节收入差距的能力仍很有限。

三、征税范围狭窄

目前，我国个人所得税列举了 9 类应税所得，但没有将附加福利和从事大农业生产的所得等纳入征税范围。对附加福利不征税，则会助长各企事业单位增发实物福利。因为单位统一发放实物，并不是每个职工都真正需要的，所以，实物福利的大量发放，会造成浪费、降低社会整体效益，同时也使不同单位的职工之间存在实际税收负担的不公平。随着我国经济的发展，个人收入来源渠道越来越多，采取列举的方法界定征税范围，使得征税范围狭窄，新出现的多种所得无征税依据，如果不征税，则会使其他纳税人感觉到不公平。

四、综合所得边际税率过高

我国劳动所得多适用超额累进税率，如工资薪金所得、劳务报酬所得、稿酬所得和特许权使用费所得这 4 类劳动所得综合适用 7 级超额累进税率，最低税率为 3%、最高税率为 45%，劳动所得的边际税率达 45% 是过高了；生产经营所得按年征税，适用 5%～35% 的 5 级超额累进税率。其他所得均采用比例税率，财产租赁所得按月征税，财产转让等所得按次征税，税率均为 20%。这样的税率规定显得很复杂，需要征税人员判断其所得类型，操作难度大。

高收入者的收入如果完全是某一种所得，则工资收入者的税收负担最重，其最高边际税率是 45%；自由职业者（取得劳务报酬或特许权使用费）的税收负担次之，虽然其名义最高边际税率也是 45%，因为收入减除 20% 的费用后才是收入额，与工资薪金相同也可以扣除专项扣除、专项附加扣除和 6 万元，所以其有效最高边际税率只有 36%②；私营企业老板的税收负担排第三，其最高边际税率为 35%；作家税收负担排第四，其最高边际税率为 25.2%③。很明显，同是高收入者，税收负担不同，不符合税收公平原则。

---

① 朱良华. 个人所得税对广西居民收入差距调节作用效果研究［J］. 学术论坛，2016（10）：66-71.

② 即（1-20%）×45%。

③ 即（1-30%）×（1-20%）×45%。

工资薪金等 4 类综合所得最高边际税率达 45%，年应纳税所得额超过 96 万元就要适用 45% 的税率。96 万元按目前的汇率大约等于 13.6 万美元①，也即年应纳税所得额超过 13.6 万美元，就要适用 45% 的税率。这对于我国吸引国际高端人才相当不利。高端人才是国家创新驱动发展战略所需要的。这样的高税率可能让其他国家的高端人才不愿意来我国，我国的高端人才也可能因高税率而离开中国。在国际税收竞争背景下，它实际已经导致部分人才（税源）转移到其他国家或地区，阻碍了科技进步、经济的发展。

目前，许多国家个人所得税的最高边际税率都比我国低，如美国只有 37%，新加坡 22%，菲律宾 32%，越南 35%，马来西亚 26%，印度 30%，印度尼西亚 30%，新西兰 33%，俄罗斯 13%②。我国工资薪金等综合所得的 45% 最高边际税率完全不利于我国与其他国家的人才竞争。

五、生计扣除标准设计简便但不够科学合理

2018 年的个人所得税法增加了包括子女教育、继续教育、大病医疗、住房贷款利息或者住房租金、赡养老人等 8 项专项附加扣除③，财税部门出台的扣除暂行办法虽然比较简便易行，但不合理之处颇多。如赡养老人的扣除规定：纳税人赡养一位及以上被赡养人的赡养支出，统一按照以下标准定额扣除：①纳税人为独生子女的，按照每月 2 000 元的标准定额扣除；②纳税人为非独生子女的，由其与兄弟姐妹分摊每月 2 000 元的扣除额度，每人分摊的额度不能超过每月 1 000 元。扣除额度可以由赡养人均摊或者约定分摊，也可以由被赡养人指定分摊。约定或者指定分摊的须签订书面分摊协议，指定分摊优先于约定分摊。具体分摊方式和额度在一个纳税年度内不能变更。

这一规定执行起来确实简单，但不合理之处有三点：一是不论被赡养者是否有离退休工资或养老金都是同一标准；二是赡养一位和赡养两位、三位老人的负担是不同的，但都是每月 2 000 元的扣除额度；二是只要纳税人为非独生子女的，扣除分摊的额度都不能超过每月 1 000 元，而不论其他兄弟姐妹是否有赡养能力。

1994 年起至 2018 年 9 月前的二十多年，我国对工资薪金所得征税的费用扣除标准才提高了三次，相隔时间有长有短，不确定。这三次的提高，都是经

---

① 按 2019 年 10 月 25 日中国银行外汇牌价（中行折算价）706.84 元人民币/100 美元计算。
② 见第七章第一节。
③ 新个人所得税法及其实施条例中的专项扣除，实际上原来就不征税，是以免税的形式公布的。

过了立法程序的，即通过全国人大常委会会议表决的。分类所得税制使得生计费用扣除标准没有引进指数化机制，生计费用扣除标准滞后调整使实际收入没有增加但因为物价水平上升、名义收入增加而需要缴纳更多的税，或从原来的不用缴税变为需要缴税了，增加了纳税人的负担，造成税负的不公平。新的个人所得税法仍没有对生计费用扣除标准引进指数化机制。

六、2018 年前个人所得税的征管制度不利于培养纳税人的纳税意识

在 2018 年之前我国个人所得税的大部分税款是通过代扣代缴渠道征收上来的。我国个人所得税采用分类所得税制，年终的申报并不需要汇总所有的所得统一适用税率计算应纳税额，多退少补。除了有生产经营所得的纳税人在年终申报时可能需要补（退）税外，其他全年所得达到 12 万元的纳税人，在年终申报时已扣缴过税的所得，既不需要补税也不可能存在退税的可能，所以大多数纳税人并不重视年终申报。年终申报多是走个过场，由任职单位的财务人员代理申报了，一般来讲申报的所得都是任职单位支付的各项所得，非任职单位支付的所得都不会进行申报。如储蓄存款利息所得、炒股所得，任职单位不掌握也不会进行申报，当然这两项所得目前都是免税所得，不申报税务机关也不会去查。其他项目的所得，没有扣缴义务人的话，就有可能逃税了。

个人所得税制度中对于纳税人取得收入后未及时申报的法律责任等问题没有明确规定。由于目前的源泉扣缴和自行申报，大部分情况下实际是一种重复劳动，税务机关无法将两者进行交叉审查，发现问题。故一些单位的财会人员，会采取一些折中的方法，多少扣缴一些税款，以应付税务机关，又在单位落得了好人缘。只在一个单位领取工资的纳税人根本不需申报纳税，财会人员也不用担心少扣税款的行为会败露。这样国家的税收收入却流失了，同时，对于严格按照税法规定扣缴税款的单位的职工来说，又是不公平的。

综上所述，这种征管制度不利于公众纳税意识的提高。

七、2018 年前个人所得税制社会认同度低逃避税现象很常见

由于 2018 年前的个人所得税制分类征收，公众普遍认为税收负担很不公平，所以社会认同度较低，造成个人所得税的逃避税现象很常见。

由于扣缴个人所得税可以获得手续费，单位的财务人员，一方面想多得手续费不愿为单位职工尽心进行税收筹划，另一方面也不敢对单位职工的逃避税行为加以制止，怕别人说自己想多得扣缴手续费。

由于个人所得税制的认同度低，逃税现象可以说是很普遍的。经调查得

知，个人所得税的逃税方法也是多种多样的：

1. 高工资收入者将自己的部分奖励性工资表面上转移给低工资收入者

在一些单位，领导年终将自己要适用较高税率的绩效工资转一部分给适用较低税率的下属，下属将属于领导的税后绩效工资再转回给领导，这样减轻了领导的税收负担。在同一单位的双职工夫妇，适用高税率的一方将绩效工资或奖金转一部分给另一方。同一单位的同事之间也有这种情况，适用高税率的职工将绩效工资或奖金转一部分给适用低税率的同事，并承担适用低税率同事的所得税，这样做对双方都有利，只是国家的税收收入减少了，对不这样做的守法者也是不公平的。工资薪金所得类似这样的逃税方法，税务机关是无法通过征管软件或实地检查查出来的。

2. 假借一些人员的身份信息虚列工资

有些私营企业、个人独资企业、个体工商户假借一些身份信息虚列人员的工资，将这些虚列人员的工资控制在 3 500 元及以下，就不需要扣缴个人所得税，同时增加计算经营所得的扣除额，减少生产经营者的应纳税所得额，进而少缴个人所得税。

3. 绩效工资或奖金以发票报账

一些企业将应发给企业领导、员工的绩效工资或奖金不以货币形式发放，而是要求相关人员拿发票报账，美其名曰是避税，但实际是逃税，虽然发票可能是真的发票，但也是真的假发票，发票上的业务是假的。

天津市地方税务局第一稽查局的臧鑑（2016）在其《个人所得税避税与反避税方法的调研报告》① 中列举的几个避税方法，如"利用公积金缴费基数上限规避个人所得税""个人支出用发票报销的避税法""企业以通信费、交通费、差旅费、误餐费的名义发放福利不申报收入的避税法"等，实际上都不属于个人所得税的避税而应该属于逃税，属于逃税就不仅应该补缴税款，而且还应该对其进行处罚——征收滞纳金及罚款，但从臧鑑的报告中并没有看到关于相关企业被处罚的信息。臧鑑的报告中举的例子，不属于纳税人个人逃税，而是属于扣缴义务人协助纳税人逃税。

该篇文章中提到的"充分利用年终一次性奖金优惠政策的避税""'削峰平谷'避税法"的避税方法，其举的例子从法理上讲也不是避税而是逃税行为。其例子中的企业是将平时发放的半年奖、季度奖、加班奖等各类奖金，一并计入一次性奖金，按照低税率计算应缴税额，降低个人所得税负担，这是不

---

① 臧鑑.个人所得税避税与反避税方法的调研报告 [J].天津经济，2016（4）：61-64.

符合国税发〔2005〕9 号文件规定的，是逃税。国税发〔2005〕9 号文件明确规定了该种计税方法每一纳税人每一纳税年度只能适用一次，而不能多次适用。由于根据税法规定对工资薪金所得是按每个月实际发放的工资薪金额来计税的，例子中的企业每月发放的奖金多少不一，但其不按每个月实际发放的工资薪金额来计税，而采取"削峰平谷"的方法来平均计算每月的税额，从法理上讲这也不是避税，而是逃税或偷税。

个人所得税的逃税不仅直接减少国家的税收收入，更为重要的是使税收负担更为不公平，损害了个人所得税的良税形象和税收正义。富者逃税、非富者纳税使得贫富差距更大、社会对立更大，所以逃税问题不仅是财政税收问题，而且也使政府与民众的关系趋于紧张。

上述的一些逃税方法，也是因为现行税制的不科学、不合理造成的。自 2019 年开始工资薪金所得要与劳务报酬所得、稿酬所得和特许权使用费所得合并按年计税，就不会再需要"削峰平谷"的避税方法了。

八、个人所得税优惠政策存在的问题

我国个人所得税优惠政策主要体现在个人所得税法及其实施条例和国务院税务主管部门制定的部门规章中。它体现了国家对某些个人所得项目的鼓励和支持。

（一）高级别奖金免税不符合量能负担的公平原则

根据《中华人民共和国个人所得税法》第四条第一款的规定，"省级人民政府、国务院部委和中国人民解放军军以上单位，以及外国组织、国际组织颁发的科学、教育、技术、文化、卫生、体育、环境保护等方面的奖金"免纳个人所得税。

这一规定主要是为了保护在科学、教育等方面做出很大贡献的人的积极性，出发点是好的，但它不符合公平原则，是一种锦上添花的政策。

首先，这一规定不符合国际惯例。发达国家对包括此类奖金在内的各类奖金都要征收个人所得税，不给予免税特权。奖金已经是对在科学、教育等方面做出贡献的人的一种鼓励了，没有必要再通过减免税给予进一步的鼓励。

其次，这一规定不符合情理。不论是何种级别的政府颁发的奖金，均是对优秀行为的嘉奖，对同一性质的嘉奖按照行政级别确定免税与否，是对低级别政府嘉奖的歧视。事实上，这强化了行政级别及官本位主义。

再次，这类奖金的评比，虽然有严格的程序，获得奖励的基本上都是各行各业的优秀者，但获奖者，是不是比那些没有获奖的所有本行业的人士的贡献都大得多呢？那些稍次于他们的人的工资都需要纳税，为什么获奖者的额外的奖金收入反而可以免于纳税？这不公平。

最后，这类奖金往往数额较大，对其不征税，更不利于缩小收入分配的差距。从财政收入取得的成本来看，对这类收入征税，成本很小，效率很高。由于是一笔额外收入，对其征一点税，获奖者的痛苦指数是很小的，或者说心理承受力是大的，因此，对各类奖金应该正常征税。

（二）一些免税项目有失公平原则

对国债利息和国家发行的金融债券利息免税，而对公司债券利息、企业债券利息、股票分红征收 20% 的个人所得税的这一规定显然有失公平，干扰了个人的投资决策，同时也影响了税制的统一性和公正性。

我国税法将一些补贴、津贴、福利等项目排除在课税对象之外，主要是从国家政策角度思考较多，而从纳税能力角度思考较少。税制设计中的一个严重误区是重视税收的资源配置作用，而忽略收入再分配作用，导致我国税制越位调节现象普遍。体现在个人所得税中，一直存在的观点是，既然是国家鼓励发放的补贴和奖励，就不应该征税，其实这是一个错误的观点。实际上，无论什么渠道得到的所得都构成纳税能力的一部分，如果税负差异是来自不同来源渠道的差异，而不是来自收入性质和多少的差异，就既不符合横向公平原则，也不符合纵向公平原则。补贴、奖励和征税，是从不同方面和角度分别考虑的问题。

（三）某些规定缺乏可操作性

缺乏可操作性的规定如"个人转让自用达五年以上并且是唯一的家庭生活用房取得的所得"免税，此项规定存在的缺点是"唯一"二字的限定性。一个家庭不可能把自己使用的唯一的家庭生活用房卖掉。一般情况下，为了改善居住条件，买了较大的房屋之后，再来处理原来的房屋。严格按照此规定执行，没有人能享受此项优惠。

（四）对彩票中奖所得的免税规定不符合纵向公平原则

如规定，对个人购买合法彩票，一次中奖收入在 1 万元以下的免税，超过 1 万元的全额征税。

此项规定存在着在 1 万元附近税负急剧增加的不合理现象：如甲、乙二人的中奖收入分别为 10 000 元和 10 200 万元，根据上述规定，甲的应纳税额为 0，乙的应纳税额为 2 040 元（10 200×20%），纳税前，乙比甲的收入多 200 元，纳税后乙比甲的收入却少了 1 740 元 [10 000-（10 200-2 040）]。此种现象不符合纵向公平原则，即税后收入比税前收入的差距应该或可以缩小，但不应该使纳税人税前收入与税后收入的排序发生变化。

（五）某些规定割裂了税制的统一性

如规定对"个人或个体户从事养殖业、饲养业、种植业、捕捞业取得的所得"免税①。

这一规定，虽然对农牧业的发展有促进作用，但破坏了税法的普遍性和公平性。我国的税收制度原来存在着"二元性"，即农村、农业有一套税制，也就是所谓的农业四税，工商业有一套税制。现在农业税免征了，个人所得税是对个人所得的征税。从事种植业、养殖业、饲养业、捕捞业的个人或个体工商户在被免除了农业税后，其所得应该同从事其他行业的个人或经营者一样缴纳个人所得税。当然，个人或个体工商户从事养殖业、饲养业、种植业、捕捞业，如果其纯所得达不到个人所得税的免征额（按现行政策扣除了专项扣除、专项附加扣除后，年纯所得达不到 60 000 元），才应该免于征税。

我国的税收优惠政策较多，既有个人所得税法及其实施条例中规定的，也有国务院税务主管部门规定的，不够规范，且一些规定条款不公平、不合理。从税收优惠内容看，涉及面较广，内容繁杂，不仅造成税制的不规范，加大税收征管的难度，也不符合国际惯例。

九、个人所得税的计算方法存在的问题

（一）全年一次性奖金应纳税额的计算规定存在严重缺陷

财税〔2018〕164 号文规定，居民个人取得全年一次性奖金，符合《国家税务总局关于调整个人取得全年一次性奖金等计算征收个人所得税方法问题的通知》（国税发〔2005〕9 号）规定的，在 2021 年 12 月 31 日前，不并入当年综合所得，以全年一次性奖金收入除以 12 个月得到的数额，按照本通知所附按月换算后的综合所得税率表（见表 2-3），确定适用税率和速算扣除数，单独计算纳税。计算公式为：

应纳税额＝全年一次性奖金收入×适用税率－速算扣除数

居民个人取得全年一次性奖金，也可以选择并入当年综合所得计算纳税。

自 2022 年 1 月 1 日起，居民个人取得全年一次性奖金，应并入当年综合所得计算缴纳个人所得税。

---

① 参见财税〔2004〕30 号文。

表 2-3　按月换算后的综合所得税率表

级数	全月应纳税所得额/元	税率/%	速算扣除数/元
1	不超过 3 000 元	3	0
2	超过 3 000 元至 12 000 元的部分	10	210
3	超过 12 000 元至 25 000 元的部分	20	1 410
4	超过 25 000 元至 35 000 元的部分	25	2 660
5	超过 35 000 元至 55 000 元的部分	30	4 410
6	超过 55 000 元至 80 000 元的部分	35	7 160
7	超过 80 000 元的部分	45	15 160

此规定的缺点是：全年一次性奖金在与确定税率级距临界点处的税负，会出现跳跃式急剧增加的不公平现象。

如甲、乙、丙、丁、戊、己六人的全年一次性奖金分别是 36 000 元、36 120元、144 000 元、144 120 元、300 000 元和 300 120 元，根据上述规定他们全年一次性奖金的应纳税额计算如表 2-4 所示。

表 2-4　全年一次性奖金应纳税额的计算表

	全年一次性奖金/元	商数	适用税率/%	速算扣除数/元	应纳税额/元	税后净奖金/元
	(1)	(2) = (1) /12	(3)	(4)	(5) = (1) × (3) - (4)	(6) = (1) - (5)
甲	36 000	3 000	3	0	1 080	34 920
乙	36 120	3 010	10	210	3 402	32 718
丙	144 000	25 000	10	210	14 190	129 810
丁	144 120	25 010	20	1 410	27 414	116 706
戊	300 000	35 000	20	1 410	58 590	241 410
己	300 120	35 010	25	2 660	72 370	227 750

从表 2-4 可以看到，乙比甲、丁比丙、己比戊的全年一次性奖金高，但纳税后，却反而低了不少，同理在 420 000 元、660 000 元和 960 000 元附近的全年一次性奖金也会出现此种现象。如果各企事业单位的全年奖金是按职员的贡

献计发的，国家征税不应该使贡献大的人的税后收入少于贡献小的人。这一规定明显不合理、不公平，需要改进。

（二）特殊规定繁多

除了"全年一次性奖金"的特殊规定之外，还有"上市公司股权激励""保险营销员、证券经纪人佣金收入""单位低价向职工售房""个人领取企业年金、职业年金""解除劳动关系、提前退休、内部退养的一次性补偿收入""担任中国境内董事或高层管理职务的外籍个人"等的个人所得税计算的特殊规定，笔者在此就不一一列举了。

许多学者认为分类所得税制简便易行。我国 2018 年前的个人所得税是分类所得税制，但实际上，一点都不简便易行。仅工资薪金所得的应纳税额的计算就有上述如此多的规定说明，且还没有能完全地覆盖所有的情形。

国家税务总局令 2014 年第 35 号文发布的《个体工商户个人所得税计税办法》和国家税务总局 2014 年第 25 号公告以及财税〔2011〕62 号、财税〔2018〕98 号[①]等文件详细规定了个体工商户、个人独资企业和合伙企业应纳税所得额的计算方法。

虽然上述文件对个体工商户个人所得税规定了较为详尽的计税方法，但实际情况是：对个体工商户的征税，很少查账征收，主要是核定征收，免增值税、营业税的也免个人所得税。核定时，会考虑经营场所的面积、用工人数、房屋租金、开票数量等，采用核定所得率，一般个人所得税的征收数额是收入额的 1%~2%[②]。

十、纳税人税收负担不透明、难以达到公平税负的目标

在 2014 年，许多媒体认为，工资薪金的所得税"起征点"（这里说"起征点"是媒体工作者常犯的错误，应该称"免征额"或"费用扣除标准"，下同）目前已提高到每月 3 500 元，稿酬的所得税"起征点"30 多年来没变，低稿酬高税负影响了作家的创作热情，为尊重和支持创作者，国家应对税制做出调整。国家税务总局税收科学研究所李万甫谈到了"如何看待稿酬所得个人所得税问题"，其比较了稿酬所得与工资薪金等多种所得的税负，得出结论：稿酬所得与工资薪金所得的税负是有时前者高，有时后者高；与其他所得

---

① 财税〔2018〕98 号文发布后，财税〔2011〕62 号文已经废止。
② 2015 年 12 月对某省级地方税务局调查得知。

相比，稿酬所得的税负都是低的[①]。

在我国个人所得税采取分类所得税制时，工资薪金所得是按月计税的，生产经营所得是按年计税的，而稿酬、劳务报酬、特许权使用费等所得是按次计税的，很难比较不同所得的税收负担。稿酬所得可能一年取得一次、几年取得一次，当然也可能一个月取得数次。笔者所在的一个微信群中，有一位群友称，四五年的时间内其在全国各地的税务报刊网站上发表文章几百篇。想必该群友一个月可以取得数次稿酬，如果每次稿酬不超过800元则不用缴税，如果每次稿酬超过800元，每次都要扣800元费用，也缴不了多少税。实际上，单单比较不同所得的税负是没有意义的。许多人都不止一类所得，上面提到的那位群友是一名公务员，还有工资薪金所得；不同的人可能以不同的所得为主，兼有其他所得；在分类税制的情况下，既无法做到税收负担的横向公平，也无法做到税收负担的纵向公平。

目前，我国的个人所得税制是并立型分类综合所得税制，仍是一种偏向分类的所得税制，工资薪金等4类劳动所得实现综合征收，如果只比较纳税人这4类所得的税收负担的话，是公平的，但如果考虑纳税人的全部所得，则与原来的分类所得税制相似，很难达到横向和纵向的公平。

十一、个人所得税征管中存在的问题

（一）支付单位源泉扣缴存在的问题

现行的《中华人民共和国个人所得税法》第十七条规定：对扣缴义务人按照所扣缴的税款，付给2%的手续费。

对扣缴义务人按照所扣缴的税款，付给2%的手续费，这一规定在最初出台时，由于当时的社会经济条件所限，使用电脑的单位很少，许多单位的工资是以现金方式发放的，达到纳税水平的人数也还不多，支付单位代扣代缴税款，支付2%的手续费，不算高，比由税务机关直接征税的效率要高。但随着经济的发展，电脑、网络的使用已非常普遍，这一规定就显得非常不妥了：一是个人所得税代扣代缴系统是税务部门开发的第一个面向公民纳税人的征收管理系统，于2006年开始在全国范围内推广应用。该系统的应用使得扣缴义务人代扣缴个人所得税的工作量大大减少，同时也为税务机关提供了全面准确的数据资料，很好地弥补了一些传统申报的缺点，办税人员也无须再往返于税务

---

① 参见：李万甫. 如何看待稿酬所得个人所得税问题［EB/OL］.（2014-12-31）［2021-06-30］. 总局网站：http://www.chinatax.gov.cn/n810219/n810724/c1439853/content.html.

局和单位之间，只要使用代扣代缴系统就可以进行申报，大大节约了时间，也提高了工作和办事效率。在目前各企事业单位普遍适用电脑和普遍由银行代发工资的情况下，扣缴税款的工作量对一个单位的财务部门来说是微乎其微的，且扣缴税款增加的工作量与所扣缴税款的多少并没有直接关系。二是对工资水平高低不同的各企事业单位的财务部门（或财务人员）来说不公平，工资水平高的单位，其财务人员除获得较高的工资外，还可获得一笔不小的手续费，且这笔手续费不用缴税。工资水平低的单位，其财务人员除了工资低，可获得的手续费也没多少。三是这一比例太高。扣缴税款的手续费就高达2%，我国的税务机关再怎么提高征管效率也无法达到把税收征管成本降到2%以下的目标。而世界上许多国家的征税成本都远远低于2%。

我国的征税成本1993年为3.12%，而美国的征税成本仅为0.58%，新加坡为0.95%，澳大利亚为1.07%，日本为1.13%，英国为1.76%。在瑞典，即便是成本最高的所得税，其征收成本也仅为1.5%[1]。2007—2012年的征税成本，美国略有降低，中国节节攀升[2]。上述数据说明我国的征税成本可降低的空间还是很大的。

（二）从两处以上取得工资薪金所得的申报问题

税法虽然规定了从两处取得工资薪金的个人应自行申报纳税，但其不足之处是，主管税务机关的管理责任不明确，纳税人没有申报的积极性，容易由于疏于管理造成税收流失。因为规定没有明确责任，如果个人取得工资薪金的两个或多个单位不在同一个税务机关的管辖区，一地的税务机关也就疏于调查纳税人是否在另一地的税务机关申报补税，多一事不如少一事；各单位按照该规定代扣代缴税额之后，纳税人申报必定要补缴税款；如果纳税人不向税务机关申报，又没有税务机关来检查、过问此事，纳税人获得少纳税的利益，何乐而不为呢？

（三）生产经营所得及减免税有关申报表

国家税务总局2015年第28号公告发布了与个人所得税的生产经营所得及减免税有关的四个申报表。个人在中国境内取得的各种生产经营所得的纳税申报表，共有三个表：A表、B表和C表。A表适用于个人在中国境内取得的各项生产经营所得的月度（季度）纳税申报。B表适用于个人在中国境内取得的各项生产经营所得的纳税年度的汇算清缴。合伙企业的自然人合伙人应分别填

---

① 郝春虹. 对我国现行税制运行质量的评析 [J]. 税务研究, 2006 (5)：15-20.
② 孟春, 李晓慧. 我国征税成本现状及其影响因素的实证研究 [J]. 财政研究, 2015 (11)：96-103.

报 A 表和 B 表。C 表适用于个人在中国境内两处或者两处以上取得的同项生产经营所得的年度汇总纳税申报。如果纳税人存在减免个人所得税情形，在纳税申报时，应同时填报个人所得税减免税事项报告表。

根据 A 表的填表说明，假如 2017 年从事生产经营所得的纳税人每月的应纳税所得额均为 10 000 元，则其每月的应纳税额计算如表 2-5 所示。

表 2-5　从事生产经营的纳税人应纳税额计算表

	累计应纳税所得额/元	税率/%	速算扣除数/元	累计应纳税额/元	应补（退）税额/元
1 月	10 000	5	0	500	500
2 月	20 000	10	750	1 250	750
3 月	30 000	10	750	2 250	1 000
4 月	40 000	20	3 750	4 250	2 000
5 月	50 000	20	3 750	6 250	2 000
6 月	60 000	20	3 750	8 250	2 000
7 月	70 000	30	9 750	11 250	3 000
8 月	80 000	30	9 750	14 250	3 000
9 月	90 000	30	9 750	17 250	3 000
10 月	100 000	30	9 750	20 250	3 000
11 月	110 000	35	14 750	23 750	3 500
12 月	120 000	35	14 750	27 250	3 500

从表 2-5 可以看出：根据《个人所得税生产经营所得纳税申报表（A 表）》的填表说明进行纳税申报时，存在的一个问题是，即使纳税人每月（季度）的应纳税所得额的产生是均衡的，但税额的缴纳是前期少缴，而后期多缴，造成税款不能均衡入库。

国家税务总局 2019 年第 7 号公告发布了新修订的个人所得税申报表，其中，个人所得税经营所得纳税申报表（A 表）仍存在此问题。

十二、其他问题

（一）对财产租赁所得存在重复征税的问题

财产租赁所得应纳税所得额的计算规定存在的问题是没有考虑到出租财产的折旧问题，财产在使用过程中会变旧、有折损，租赁所得中应有一部分用来补偿其折损的价值，这部分价值应从其租赁所得中扣除，不能作为税基，但现行的规定中却没有体现。因为现存财产是以前的税后所得所购置的，对其用来补偿其折损的这部分价值征税，实际上是重复征税，侵害了税本。

（二）对财产转让所得，政策留出了避税空间

财产转让所得也是按次纳税的，其"每次收入"是指一件财产所有权的一次转让取得的收入。个人转让房屋的收入不含其应缴纳的增值税。如果免征增值税的，转让房地产取得的收入不能扣减增值税额。

应纳税所得额＝每次收入额−财产原值−合理费用

"财产原值"是指该财产的历史成本，即该项财产取得时的实际支出。

国税发〔2006〕108 号和国税发〔2007〕38 号文件都规定：在纳税人不能提供财产原值凭证时，按转让收入额的一定比例计算缴纳个人所得税。这些规定实际上给了纳税人以避税的空间，如果纳税人的住房原值凭证上注明的住房原值较低，纳税人只要不提供住房原值凭证，就可以按转让收入额的1%~3%计算个人所得税，轻易达到避税的目的。同样，财产拍卖所得也可以通过不提供拍卖财产原值凭证而达到避税的目的。

（三）公益性捐赠扣除的规定比较复杂

纳税人有公益性捐赠的应纳税额的计算相对比较复杂，在正常计算出应纳税所得额后，还需要先计算捐赠的扣除限额（应纳税所得额的30%），再确定允许扣除的捐赠额，最后用减除了允许扣除的捐赠额后的应纳税所得额计算应纳税额。

对捐赠处理的规定存在的主要问题是：一是对公益性捐赠的界定不清，需要国务院税务主管部门不断发文认定新的公益单位。二是对公益性捐赠的限额扣除使应纳税额的计算太过复杂。从政策导向上看，为了鼓励个人的公益性捐赠行为，在计算个人所得税时应允许公益性现金捐赠全额扣除。

第三章　我国个人所得税制模式的选择

第一节　个人所得税制模式

个人所得税制模式有三种，分别是：综合所得税制、分类所得税制和分类综合所得税制，其中分类综合所得税制又细分为两种：交叉型和并立型。

一、综合所得税制

综合所得税制是将纳税人一年内取得的各种形式的纯所得，不管来源如何，综合起来作为纳税人的总所得（或毛所得），在按税法规定减去个人宽免额、标准扣除额或分项扣除额后作为应纳税所得额，然后以超额累进税率进行课征。

综合所得税制的理论基础是：个人所得税是对人税，不应该对个人取得的所得进行分类，个人取得的各种形式、各种来源的所得都是应税所得，应该把个人全年各种所得加总作为应税所得，统一适用税率进行课税。综合所得税制的特点是将来源于各种渠道的所有形式的所得不分类别，统一汇总，再减除法定的各项生计费用或者标准的生计扣除额，计算应纳税所得额，再按统一的超额累进税率计算应纳税额[①]。综合所得税制征税范围宽，除了税法规定的免税所得外，都属于应税所得，在计税过程中，能根据纳税人的家庭情况给予相应的照顾，其税基能够很好地反映纳税人的负税能力，对总的应纳税所得额采用超额累进税率，可以充分发挥调节收入分配差距的作用，较好地体现量能负担的税收公平原则。

为保证税收收入的均衡入库，综合所得税制一般规定有预扣、预缴制度，

---

① 各国税制比较研究课题组. 个人所得税制国际比较 [M]. 北京：中国财经出版社，1996：69.

同时要求纳税人在纳税年度终了后，要自行申报汇算清缴、多退少补。要想做到应收尽收，充分发挥综合所得税制的优点，一般要求税务机关能较好地监控纳税人取得所得的情况。综合所得税制的顺利实施，一方面要求税务机关要有较强的征管能力，另一方面要求纳税人要有较高的文化素质。

二、分类所得税制

分类所得税制一般只对税法中列举的几种所得征税，且对不同的所得可能规定不同的费用扣除标准，不同的所得可能适用的税率也不同，纳税的间隔期也可能不同。或者说，纳税人同一时期的各种所得是以各自独立的，可能不同的方式、方法计算纳税，相互之间没有影响。

分类所得税制的指导思想是：不同的所得性质不同，为贯彻区别对待原则，对不同性质的所得应该规定不同的费用扣除标准和税率，按不同的方式征税。因为要付出辛勤劳动，对于工资薪金等劳动所得，应征轻税；对于利息、租金、股息等投资所得，因所含劳动较少，应征重一点的税。最典型的分类所得税制是由各个独立、以不同所得为征税对象的一系列税种所构成的税收法律体系①。但我国的个人所得税并没有体现轻征、照顾劳动所得的原则，工资薪金所得的最高税率为45%，劳务报酬所得的最高税率为40%，比其他类型所得的税率都高。

分类所得税制的特点是只对税法中明确规定的所得征税，且不需将个人的各种所得合并征税。其能够采用源泉代扣代缴的方法征税，征收管理简单，征收费用较少。但它无法考虑纳税人的家庭状况及总的负税能力，不能做到对负税能力强的高收入者多征税，对负税能力弱的低收入者少征税，不符合量能负担的税收公平原则，无法发挥调节收入分配差距的作用。与综合所得税制相比较，分类所得税制显得更原始、更粗糙一些，在实际实施中会遇到许多所得类别难以区分的问题，其行政效率也不见得高。

当今世界上纯粹采用分类所得税制的国家已经很少，目前仅有埃塞俄比亚、埃及等少数亚非发展中国家在采用。

三、分类综合所得税制

分类综合所得税制，顾名思义就是将分类所得税制和综合所得税制加以揉

---

① 普拉斯切特. 对所得的分类、综合及二元课税模式［M］. 国家税务局税收科学所，译. 北京：中国财经出版社，1993：8.

合运用，兼有两种税制的优点和缺点，亦称为混合所得税制。该税制将所得进行分类，分别对不同的所得规定税率和费用扣除标准，所得支付者代扣代缴税款。纳税年度终了，将纳税人的部分或全部项目的所得综合起来，按超额累进税率征税，综合所得已扣已缴的税款可以从应纳税额中抵免。

法国于1917年开始实行分类综合所得税制，此后，西班牙、意大利等国都曾经实行过，但第二次世界大战之后，他们又陆续开始实行综合所得税制。实际上，分类综合所得税制是介于分类所得税制和综合所得税制之间的一种过渡性税制。

在各国具体的税务实践中，分类综合所得税制又可分为两种类型：交叉型和并立型。

（一）交叉型分类综合所得税制

该税制是对纳税人各类所得项目，按其性质的不同、国家经济和社会政策的需要，分别规定不同的扣缴和预缴税款的计税办法，然后分别按不同的税率扣缴和预缴税款，到了年度终了后，纳税人综合其全部所得，统一扣除税法规定的生计费用扣除标准，采取适用的超额累进税率计算应纳税额，多缴了税的可以获得退税，少缴了税的要补缴税款。这种税制与综合所得税制的区别是：不是要求所有的纳税人进行年终纳税申报，只要求收入达到某一标准的纳税人进行年终纳税申报和汇算清缴，亦即收入比较低的纳税人可以选择进行年终纳税申报，以获得退税。所以，该税制更接近综合所得税制。

交叉型分类综合所得税制的特点是对同一所得计算两次税额，先在取得之时计算一次，再在纳税年度结束后，再综合所有的所得再计算一次，后面的计算不是所有的纳税人都需要进行的。交叉型分类综合所得税制兼有分类所得税制和综合所得税制的优点，既能实行源泉扣缴和预缴，防范税款流失，实现税收的均衡入库；又能对不同的所得一视同仁，统一适用税率，实现所得多的多纳税、所得少的少纳税的量能负担原则。既有扣缴义务人的扣缴申报，又有纳税人的年终申报，税务机关可以凭借双方申报的资料进行交叉稽核。如果有一方申报不实，很容易被税务机关稽核出来，纳税人和扣缴义务人都不敢不如实申报，税务机关的征税成本也将会降低。

（二）并立型分类综合所得税制

并立型分类综合所得税制是根据国家政策的需要和所得性质的不同，将所得分为两大部分，对其中的部分所得实行分类征收，采取源泉扣缴的方式征税，纳税年度结束不需要进行纳税申报，也不需要补（退）税款，源泉扣缴的税款就是最终税负，其类似于分类所得税制；对另一部分所得项目实行综合征收，一般按年适用超额累进税率征税，源泉扣缴部分所得已纳税款准予抵扣，其类似于综合所得税制。该税制的特点是分类征税的所得只进行一次计税，源泉扣缴的税款就是最终税负，不需要进行纳税申报。其缺点主要是无法体现量能负担原则，税收负担不公平。该税制更接近于分类所得税制。

日本实行分类综合所得税制。日本的个人所得税对利息所得、山林所得、小额红利所得和土地、房屋及股票的转让所得进行分类征税；对不动产所得、营业所得、一般红利所得、工薪所得、退职所得、一次性所得和杂项所得以及除土地、房屋及股票转让所得之外的其他转让所得进行综合征税。

2011年修订的《韩国所得税法》规定，韩国的应税所得分为四类：①退职金所得；②山林所得；③资本利得；④综合所得，包括工薪所得、养老金所得、利息和股息所得、不动产租赁所得、经营所得、临时财产所得和其他所得。

韩国的个人所得税实行分类综合所得税制，对退职金所得、山林所得和资本利得适用不同税率单独计征，体现分类所得税制的特征；对工薪所得、养老金所得、不动产租赁所得、经营所得、临时财产所得和其他所得进行加总适用8%~35%的4级超额累进税率，实行综合征收，体现综合所得税制的特征。

分类征税的三类所得：退职金所得先除以就业年限，再适用8%~35%的4级超额累进税率计算出税额后，再乘以就业年限就是其实际的应纳税额；山林所得直接适用8%~35%的4级超额累进税率计算出税额；资本利得适用比例税率，多数情况下其税率是高于综合所得适用的税率的。所以，除了退职金所得的征税规定较为特殊，其税收负担较轻外，山林所得和资本利得的税收负担并不比综合所得的税收负担轻。利息和股息所得，在1997年以前并入综合所得征收，此后则规定，利息和股息年所得在4 000韩元内，按比例税率征收预得税，预提税率原为15%，后降为14%；对利息和股息年所得超过4 000韩元的，则按下列两种方法计算，取其大者：一是4 000韩元的利息和股息所得按预提税率计征，超过部分计入综合所得征收；二是全部利息和股息所得按预提税率征税①。此规定与1997年以前并入综合所得征收的规定相比，利息和股息所得的税收负担是增加的。

越南的个人所得税将所得分为定期所得和不定期所得分别规定不同的累进税率和免税额；另外，对技术转让费、博彩所得和海外赠与按比例税率征税，规定了免征额。

---

① 参见 http://www.ctaxnews.com.cn/guoji/guojifa/SouthKorea/201410/t20141021_25608.htm.

四、不同个人所得税制模式的比较

税收负担是否公平与税制效率的高低是比较不同税制模式优劣的重要指标，所以，我们从税收公平和税收效率两个方面比较上述个人所得税制模式的优劣。

（一）从税收公平角度比较

个人所得税的公平性体现在它是否符合量能负担的原则。量能负担原则包含两重含义：一是国家应以纳税人的负担能力为依据进行征税；二是负担能力相同的纳税人应该缴纳同样多的税，负担能力不同的纳税人应该缴纳不同的税额，负担能力大的纳税人应多纳税，负担能力小的纳税人应少纳税。为了贯彻量能负担原则，应汇总纳税人的所有纯所得，确定应纳税所得额，并适用超额累进税率计算应纳税额。因为在采用超额累进税率的情况下，纳税人的应纳税所得额越大，其适用的税率就越高，计算出的应纳税额也越大；纳税人的应纳税所得额越大，其负担能力也就越大；超额累进税率可以让负担能力大的多纳税、负担能力小的少纳税，体现量能负担原则，达到税负公平。

1. 综合所得税制

综合所得税制汇总纳税人的全部纯所得，在做了各种宽免后，计算出应纳税所得额，适用统一的超额累进税率计算应纳税额。这种汇总纳税人全部所得后计算应纳税所得额，运用超额累进税率的计税方法，贯彻了量能负担的纳税原则，不论是从横向还是纵向来看，税收负担都是最公平的。所以，综合所得税制在体现税收公平原则方面，效果最好。

2. 分类所得税制

分类所得税制由是将不同来源的所得，分别按规定的不同的生计费用扣除标准，以不同的税率计算应纳税额，不需要将纳税人全年的不同来源的所得汇总计算应纳税额。因此，不论是采用比例税率还是超额累进税率，也不论超额累进税率适用的所得种类的多少，分类所得税制都不符合量能负担原则，无法实现税负公平，不能发挥调节收入分配差距的作用。所以，分类所得税制的公平性最差。

3. 分类综合所得税制

（1）交叉型分类综合所得税制。交叉型分类综合所得税制虽然在源泉扣缴或预缴个人所得税时，对不同的所得采用不同的费用扣除标准和税率计算税额，但由于年终纳税人要进行汇算清缴，其最终的税收负担取决于纳税人的家庭状况和总的收入水平。由于年终纳税人要进行汇算清缴时，总的应纳税所得额是适用统一的超额累进税率的，所以，能贯彻量能负担原则，不论是从横向还是纵向来看，税收负担都是公平的。因此，从公平的角度来讲，交叉型分类综合所得税制与综合所得税制的效果相同。

（2）并立型分类综合所得税制。该税制虽然有数类所得项目综合征税，但因为仍有数类所得项目是分类征税的，分类征税的所得项目税法仍规定有不同的扣除标准、不同的税率，所以，并立型分类综合所得税制仍具有无法量能负担、税负不公平的缺点，只是不公平的程度较分类所得税制稍微轻些。

（二）从效率的角度比较

一种看起来公平合理的税制，如果没有可行的征收管理措施保证其有效地实施，这种税制是不应该被选择的。税制的实施效率与税制的征收方式相联系，上述三种税制模式都有各自的主要征收方式，从而体现各自税收效率的高低。

1. 分类所得税制

分类所得税制的征收方式主要是源泉扣缴。由于应纳税所得额和应纳税额的计算和应纳税款的缴纳入库都委托给了所得的支付者，分类所得税制减少了纳税人与税务机关的直接利益冲突，比较符合税务管理的效率要求。然而这种征收方式并不能适用于所有所得项目，仅适用于少数所得项目，如工资薪金所得和储蓄存款利息所得，而对于普遍的个人独立劳务所得和财产租赁所得等很难采用。分类所得税制能较多地采用源泉扣缴的方式征收税款，多数纳税人不用自己进行纳税申报，因此，征收和稽查具有简便性，征纳成本相对较低，税收行政效率相对较高。

2. 综合所得税制

从实行综合所得税制的国家看其个人所得税的征收存在着一些共同的特点：一是个人所得税的大部分税款是通过源泉扣缴的方式和纳税人预缴的方式征收的；二是纳税年度结束后，纳税人必须在法律规定的时间内向规定的征税机关进行纳税申报，进行汇算清缴，多退少补，当然这一事务可以委托会计师、税务师等代理人代为办理；三是税务机关的主要职责是处理和审核纳税申报表，对违法者给予一定的处罚。虽然许多学者或税务人员认为综合所得税制对征纳双方的要求比较高，需要税务机关有较强的征管能力、纳税人有较高的纳税意识，征税成本和纳税成本都比较高，但是，由于与分类所得税制相似也有预扣税款和预缴税款的规定，大部分税款也是通过预扣和预缴征收的，年终汇算清缴有可能获得退税，纳税人的申报积极性还是有的，所以，也不见得综合税制的征管成本就高。如美国是以直接税为主的税制结构，且采用综合个人所得税制，但其税收征管成本比我们国家低得多。

3. 分类综合所得税制

（1）并立型分类综合所得税制。并立型分类综合所得税制是根据国家政策的需要和所得性质的不同，将所得分为两大部分，对其中一部分所得实行分类征收，源泉扣缴的税款就是最终税负；对另一部分所得项目实行综合征收，源泉扣缴部分所得已纳税款准予抵扣。该税制分类征税的所得只进行一次计税，源泉扣缴的税款就是最终税负，不易造成税收流失，征管效率相对较高。但综合课征的所得，需要纳税人进行纳税申报，会花费一定的纳税成本。该税制的效率比综合所得税制稍高，但比分类所得税制的效率低一些。

（2）交叉型分类综合所得税制。交叉型分类综合所得税制与综合所得税制是非常相似的，其与综合所得税制的区别是：不要求所有的纳税人进行年终纳税申报，只要求收入达到某一标准的纳税人进行年终纳税申报，其他纳税人是否进行年终纳税申报可以自行决定。由于只要求部分纳税人进行年终纳税申报，且大部分税款都实行了源泉扣缴，交叉型分类综合所得税制的征管效率稍低于分类所得税制，高于综合所得税制和并立型分类综合所得税制。

在上述税制模式中，分类所得税制具有征纳上的简便性，但无法体现公平原则；综合所得税制最为公平，但对征管水平要求高和征纳成本比较大；并立型分类综合所得税制虽然征管上比综合所得税制稍微简便一些，但仍难以实现量能负担的公平原则；交叉型分类综合所得税制既具有综合所得税制可实现量能负担的优点，又不需要所有纳税人进行纳税申报，征纳双方的成本都比较小，效率比较高。这一税制兼顾了公平和效率，是我国目前个人所得税制纵深改革的首选。

第二节　选择个人所得税制模式的原则

选择个人所得税制模式主要应该在公平与效率之间进行权衡。

一、公平原则

从税收公平的角度看，分类所得税制的公平性最差，因为对各类所得区别对待、分别征税，税基不能反映纳税人的真实负担能力。对于总的纯所得相同的两个纳税人来说，所得来源渠道多的纳税人所缴的税必然少于所得来源渠道少的纳税人，这是横向的税收不公平；对于总的纯所得不同的纳税人来说，有可能会出现：总的纯所得高、所得来源渠道多、所得项目多采用比例税率的纳税人缴较少的税，总的纯所得低、来源渠道单一且要适用超额累进税率的纳税人却要缴较多的税的现象，这是纵向的税收不公平。

因为综合所得税制要将纳税人的全部所得汇总后，计算应纳税所得额，该应纳税所得额体现了纳税人的负担能力，再适用超额累进税率计算税额。这样计算出的税额能贯彻量能负担的公平原则。能做到纳税能力相同的纳税人缴纳相同的税收，纳税能力大的纳税人比纳税能力小的纳税人缴纳更多的税，也即不管是从横向比较还是从纵向比较都体现税收的公平原则。所以，综合所得税制最具公平性。

就并立型分类综合所得税制来说，单从综合征税的几类所得来看，税收负担是公平的，但由于有部分所得分类征税，总体来看，税收负担就不公平了。所以，并立型分类综合所得税制的公平性是介于分类所得税制与综合所得税制之间的，也即比前者的公平性高，比后者的公平性低。

就交叉型分类综合所得税制来说，由于对低收入者不要求其在纳税年度结束后进行纳税申报，表面上对其是分类征税，可能存在税负的不公平，但只要其愿意在纳税年度结束后进行纳税申报，实质上就不是分类征税而是综合征税了。所以，交叉型分类综合所得税制的公平性与综合所得税制非常接近。

二、效率原则

从对征管的要求来看，分类所得税制的要求最简单，只对规定的应税所得征税，且由应税所得的支付者代扣代缴税款。而综合所得税制的征税范围广，为了贯彻量能负担的原则，需要考虑纳税人的家庭情况来规定比较繁杂的各种费用扣除、生计扣除、各种宽免等，既要求立法者要有通盘考虑的能力，又要求征管者有较高的征管水平，对纳税人也要求有一定的文化水平。所以，分类所得税制比较适合于经济发展水平和征管水平都比较低的国家，综合所得税制比较适合于经济文化发展水平较高的国家。

从行政效率原则出发，一国在选择个人所得税税制模式时，应考虑如下几个问题：

（1）国家的经济文化发展水平。经济文化是基础，税法、税制是上层建筑。上层建筑是建立在经济基础之上的，所以，个人所得税税制模式的选择必须考虑国家的经济文化发展水平，所选择的税制模式既不能超越经济文化发展水平，又不能落后于经济文化发展水平。超越经济文化发展水平，可能造成执行困难，无法达到立法的设想效果；落后于经济文化发展水平，税制存在明显的不公平，大众的认同度低，遵从度低，可能阻碍经济的发展。

（2）征管手段和信息化水平。如果税务机关有较好的征管手段，能全面掌握纳税人的收入信息，综合所得税制的实施就比较有保障，能达到公平税负、调节收入差距的要求。如果税务机关难以全面掌握纳税人的收入信息，或者掌握收入信息的成本过高，则只能实施分类所得税制，以取得财政收入为目的，无法实现税负的公平。

（3）纳税人普遍的受教育程度。如果社会成员的文化水平普遍比较低，读写能力比较差，则难以实行综合所得税制，难以要求纳税人进行普遍的自行申报，只能实行分类所得税制。如果社会成员普遍都受到了基础教育，有较好的读写和计算能力，要求纳税人进行普遍的自行申报，实行综合所得税制就具有可行性。

（4）社会收入分配差距。如果社会收入分配差距不是很大，比较平均，国家采用何种税制取得财政收入都无可厚非；如果社会收入分配差距很大，国家需要税收手段来调节收入分配，则需要采用具有调节收入分配效果的综合所得税制。

一般人认为分类所得税制对征管水平的要求不高，多数所得采用源泉扣缴，大多数纳税人不用自行申报，税收的征纳成本较低；综合所得税制需要纳税人自行申报，要求税务机关有较高的征管水平、纳税人有较高的纳税意识，税收的征纳成本较高，也即认为分类所得税制的效率要高于综合所得税制。实际上，分类所得税制要对纳税人的所得进行种类区分，所以其征管也不见得就比综合所得税制有效率。而并立型分类综合所得税制因为部分所得分类征税、部分所得综合征税，既要严格区分所得种类，又要纳税人自行申报，在效率上可以说兼有前两种税制的缺点。交叉型分类综合所得税制不需要所有的纳税人进行纳税申报，仅要求收入达到某一标准的纳税人年终进行纳税申报和汇算清缴，所以，在管理水平上的要求低于综合所得税制模式。交叉型分类综合所得税制，由于年终纳税人可以进行纳税申报和汇算清缴，分类课征的所得税可以抵扣，所以，从对应纳税所得的认定看，其要求低于分类所得税制和并立型分类所得税制。

第三节　我国应采取的个人所得税制模式

一、2018年之前我国个人所得税制模式

2018年之前，我国个人所得税制实行分类所得税制，对工资薪金所得按月征税，每月工资薪金收入减去3 500元①是应纳税所得额，再按3%～45%的7级超额累进税率计算应纳税额，由支付者代扣代缴；对各种生产经营所得按年征税，应纳税所得额的计算方法类似于企业，业主本人的工资不得扣除，但可以按工资薪金所得的扣除标准乘以12（或经营月数）扣除，按5%～35%的5级超额累进税率计算应纳税额；对劳务报酬所得按次征税，定额（800元）或定率（20%）扣除费用后，按20%～40%的3级超额累进税率计算应纳税额；对稿酬所得也是按次征税，费用扣除方法与劳务报酬所得相同，实际税率只有14%；剩余的所得都适用20%的比例税率，费用扣除规定有的与劳务报酬所得相同，有的不同，也不允许扣除任何费用。

总的纯所得相同的、收入来源不同的高收入者的税收负担是不同的。工资薪金所得者的税收负担最高，最高达45%；劳务报酬所得者的税收负担次之，最高达40%；生产经营所得者排第三，最高达35%；稿酬所得最低，只有14%；其他所得为20%，这是在纳税人的所得比较单一情况下税收负担的排序。如果纳税人的所得来源多少不同，常会出现这样的情况，收入高的纳税人缴的税少于收入低的纳税人，如某个月纳税人甲只有工资收入20 000元，纳税人乙有多项收入，工资收入15 000元，另有劳务报酬收入3 000元，稿酬收入2 000元，财产租赁收入2 000元，乙的收入比甲多。根据税法规定，甲的应纳税额为（20 000－3 500）×25%－1 005＝3 120（元），乙的应纳税额为（15 000－3 500）×25%－1 005＋（3 000－800）×20%＋（2 000－800）×20%×（1－30）＋（2 000－800）×20%＝2 583.6（元），纳税人乙的收入多于纳税人甲，但缴纳的税却少于纳税人甲，显然税收负担是不公平的。

这种税制既不能实现利用个人所得税对收入分配进行调节的政策目标，又

---

① 这一标准在2005年年底之前为800元，2006年1月首次提高为1 600元，2008年3月起再次提高为2 000元，2011年9月开始提高到现在的3 500元。另外有两类人可以在此基础上再减除"附加减除费用"，"附加减除费用"的标准是：2008年2月之前为3 200元，2008年3月至2011年8月为2 800元，2011年9月开始为1 300元。

不能实现公平征税。因为分类按月、按次征税，不符合量能负担的原则，不论是从纵向进行比较还是从横向进行比较，税收负担都不公平。

选择个人所得税制模式如前所述，其受许多因素的影响。对于一个国家来说，并不是在某一个阶段就一定要采用某一种模式，个人所得税制模式的选择在一定程度上可以有较大的灵活性。

二、2018 年之前我国个人所得税课税模式的缺陷

我国的个人所得税在立法时，正值改革开放的初期，实行的是计划经济为主、市场调节为辅的经济运行模式。这段时期的农业人口的比重很高，民众的收入普遍较低，来源也比较单一，征管水平不高，大众的纳税意识低下，当时选择分类所得税制有一定的合理性。目前，我国改革开放已经 40 余年了，早已实行了市场经济，加入了世界贸易组织，城镇化水平有了极大的提高，直接从事农业劳动、以农业劳动收入为主的人已经很少了。该分类所得税制运行至今，已经不适应形势发展的需要了，其在公平和效率方面的缺陷就十分明显了。

（一）税制公平性差

当前，我国的个人所得税对不同种类的所得规定不同的费用扣除标准，适用不同的税率，按月、按次或按年分别计算应纳税额进行征收，税负明显地不公平。同时，分类征税使纳税人能够通过转换所得种类少缴税，按次征税使纳税人能够分解所得获得尽可能多的费用扣除而少缴税或不缴税。这些税制漏洞产生的纳税人逃、避税现象，使得税收负担更趋不公平。

（二）税制效率低下

《中华人民共和国个人所得税法》和《中华人民共和国个人所得税法实施条例》，从法律条文上看，很简单，条款数量很少，但财政部、国家税务总局出台的部门规章数量庞大。税务人员和纳税人要想全面掌握很不容易。由于不同所得计算应纳税所得额的方法不一致、适用的税率各异，需要严格区分所得的种类，同时对于按次征税的所得还要严格界定什么是"每次收入"。税务机关、扣缴义务人在所得种类的认定上、在"每次收入"的确定上常存在分歧，耗费了大量的精力，使得征税成本和奉行成本过高，造成税收效率的损失。现行个人所得税制的不公平性引起人们的反感，人们对税制的认同度低，纳税人和扣缴义务人纳税、扣税的自觉性低，增加了税收征管的难度，也影响到效率的提高。

（三）税制不利于民众纳税意识的提高

许多学者认为我国民众的纳税意识不高，大多数自然人没和税务机关打过

交道。大多数自然人没和税务机关打过交道，并不能说明我国民众的纳税意识不高。之所以大多数自然人没和税务机关打过交道，是因为税法规定使然，税法的规定就使得大多数自然人不需要自己进行纳税申报，当然就没有和税务机关打交道的机会和必要了，由此造成的纳税意识弱，责任并不在纳税人，而在税法本身。要改变这种情况，就应该选择能使大多数自然人有机会、有必要且有动力进行纳税申报的税制模式。大多数自然人有机会与税务机关打交道，纳税意识就会得到明显提高。

三、并立型分类综合所得税制模式仍存在税负不公平的问题

国务院于 1986 年 9 月 25 日发布的《个人收入调节税暂行条例》，从 1987 年 1 月 1 日起施行，于 1994 年 1 月 1 日废止。当时所谓的"个人收入调节税"就是对中国公民征收的个人所得税。"个人收入调节税"对工资薪金、劳务报酬、财产租赁和承包转包收入综合征税，按照地区计税基数核算，适用超倍累进税率，按月计征；投稿、翻译收入和专利权的转让、专利实施许可和非专利技术的提供、转让取得的收入，每次收入不满 4 000 元的，减除费用 800 元；4 000 元以上的，减除 20% 的费用，然后就其余额按 20% 的比例税率计征。利息、股息、红利收入，不扣任何费用，以每次收入金额按 20% 的比例税率计征。它实际上是一个并立型的分类综合所得税制。当然分类所得税制所具有的缺点，在其中还是有相当的体现。

我国目前需要公平性较高的税制，虽然综合所得税制的公平性最高，但其对税收征管水平要求较高，而我国税务机关的征管水平较低，民众的纳税意识还不太高，贸然采用综合所得税制会产生较大的征纳风险。从当前我国的税收征管水平和民众的纳税意识水平考虑，我国个人所得税纵深改革，采用分类综合所得税制应是最佳的税制模式选择。

很多学者认为，我国个人所得税应选择并立型分类综合所得税制①。如许评的硕士学位论文《影响收入分配的个人所得税累进程度研究》、静雅婷的《关于完善我国个人所得税制度的探析》、夏宏伟的《中国个人所得税制度改革研究》、国家税务总局重点研究项目——石坚、陈文东主编的《中国个人所得税混合模式研究》、郭庆旺的《构建社会公平的税收制度》以及李华的《家庭还是个人：论我国个人所得税纳税单位选择》中都有类似的建议。

---

① 虽然少有人明确自己设想的是并立型分类综合所得税制，但从他们的论述来看，都是并立型分类综合所得税制。

静雅婷（2005）的建议是：从现有的个人所得税制出发，把原有的工资薪金所得等属于劳动性质的所得进行合并，实行综合所得税模式。对财产租赁所得等其他非劳动性质的所得仍按分类所得税模式征收①。

《中国个人所得税混合模式研究》是国家税务总局重点研究项目的成果，也可以说是一本关于个人所得税混合模式下的征收管理的论文集。项目承担者主要是国家税务总局税收科学研究所、省市地方税务局的人员，该专著的研究是以并立型分类综合个人所得税制为基础进行的，对税制模式转换所需的条件进行了一些研究②。

李华（2011）不赞成按照经常性或所得性质（劳动收入和非劳动收入）确定课征模式，他建议按照控管能力进行区分。对于工资薪金、经营所得、劳务报酬、稿酬、股票转让所得、利息、股息、红利等易于控管且已经具有控管经验的所得实行综合征收，对于不宜管控的财产租赁、财产转让所得、特许权使用费和偶然所得等所得实行分类征税③。

郭庆旺（2013）提出"综合部分所得，分类课征"，对属于工资薪金性质的年终绩效工资、年终奖、股票期权、单位低价售房、一次性补偿收入、中央企业负责人绩效薪金和任期奖励收入、企业年金企业缴费计入个人账户部分和任期奖励收入等所得，与全年工资薪金所得合并，再按12个月平均计算应纳税款，相当于对工资薪金性质的所得实行"小综合税制"，年终汇算清缴，多退少补。另外对同属于劳动所得的稿酬、劳务报酬等所得项目，应采用与工资薪金所得相同的征税办法进行征税，即采用与工资薪金所得相同的扣除标准，并适用工资薪金所得所适用的税率表，这样可使不同种类劳动所得的税负相同，实行劳动所得的税负公平④。

夏宏伟（2013）的建议是分步实施：第一步，先对工薪所得实行按年征税；第二步，将递延养老保险收入和其他收入并入综合所得征税；第三步，对所有的劳动所得综合征税，对资本性收入分类征税⑤。

"并立型分类综合所得税"解决了属于综合征税的各种所得之间的税负不公平问题，但属于综合征税的所得和属于分类征税的所得之间税负不公平问题

① 静雅婷.关于完善我国个人所得税制度的探析［D］.天津：天津财经学院，2005.

② 石坚，陈文东.中国个人所得税混合模式研究［M］.北京：中国财政经济出版社，2012：1，34.

③ 李华.家庭还是个人：论我国个人所得税纳税单位选择［J］.财政研究，2011（2）：31-34.

④ 郭庆旺.构建社会公平的税收制度［J］.经济研究，2013（3）：16-18.

⑤ 夏宏伟.中国个人所得税制度改革研究［D］.北京：财政部财政科学研究所，2013.

仍然没有被解决。而且，所得同样多的纳税人，因为所得种类不同，纳税多少不一的现象仍无法消除。所以，其税收负担仍不能体现量能负担的公平原则。

"并立型分类综合所得税"的税率如何确定，相关学者的建议多是：分类征税的所得适用20%的比率税率，综合征税的所得适用最高边际税率在35%~45%的超额累进税。很明显，这些建议是受到2018年之前个人所得税的影响。为什么综合征税在所得较低时税率低于分类征税的税率，而在所得较高时税率又高于分类征税的所得的税率，这个问题没有人给予解释。

2018年，我国个人所得税法的修正，将个人所得税制改为并立型分类综合所得税制，虽然相对于之前的个人所得税制在公平性、效率性方面有了较大的进步，但在公平性方面，如第二章所述仍存在许多不公平的情况。

四、我国个人所得税的终极税制模式应是综合所得税制

由于综合所得税制具有税基大、税负公平、符合量能负担原则、能调节收入差距的优点，在选择我国个人所得税制模式的问题上，绝大多数公众都是支持综合所得税制的。中国经济景气监测中心在2002年对"北上广"三市的700多位居民进行的调查显示，被调查者普遍赞成以综合所得税制代替现行个人所得税[1]。

在学术界，对税制模式选择的讨论主要集中在应该采用综合所得税制还是采用分类综合所得税制。

综合所得税制的优点很明显，公众和学者们都很认可。而支持采用分类综合所得税制的学者认为，综合所得税制优点的发挥需要一个前提条件，即税务机关必须能够较好地掌握和监控纳税人的所有类型和来源的所得，但我国税务机关目前的征管水平还达不到这种要求。

笔者认为我国的个人所得税的改革目前直接过渡到综合所得税制是有些困难，但从长远看，我国个人所得税应该实施综合所得税制，即综合所得税制是我国的终极目标。考虑到我国绝大多数自然人还未自行申报过个人所得税，税务机关在掌握纳税人收入信息方面还可能存在不足，笔者认为可能先采用分类综合所得税制，在有较多的自然人经历了自行申报纳税，税务机关也逐步适应了纳税人收入信息的采集后，可以适时地转换到综合所得税制。

我国个人所得税改革的终极目标应该是建立综合所得税制，即将纳税人在一年内的所有纯所得加总，减去税法规定的根据家庭状况确定的各种扣除项目

① 王大河. 优化个人所得税 构建和谐社会 [J]. 经济与管理，2006（2）：67-70.

标准，然后按超额累进税率计算应纳税额进行征收。它的特点是对各种来源渠道的所得都一视同仁，加总计税，不区别对待，采用统一的税率征收。综合所得税制的优点在于：税基较宽，考虑纳税人的家庭负担和经济情况，反映纳税人的税收负担能力；对纳税人总的纯所得按超额累进税率征税，又可以达到调节收入分配差距的目的，从纵向上实现税收公平。

但由于综合所得税制的应纳税所得额是按纳税人所得总额综合计算，计算方法复杂，要求纳税人的核算能力和纳税意识较高，且对税务机关的征管水平也有要求，要求有一定的稽查手段，否则难以实施。

我国现阶段税收征管水平虽然有了很大提高，但一线税务人员还比较少，负责个人所得税征收的税务人员更少。如果我国现阶段个人所得税就实行综合所得税制，税收征管跟不上，可能会造成税收流失和征管成本的急剧上升。所以，综合所得税制只能是我国个人所得税的终极税制模式，目前暂不实行为好。

五、当前我国个人所得税应实行交叉型分类综合所得税制

清华大学蔡继明教授[①]从马克思关于按劳分配原则的本质规定出发，分析了按劳分配原则实现的条件，指出在社会主义初级阶段，应按贡献分配，即按在社会财富的创造中各种生产要素所做出的实际贡献进行分配。现实中，各种形式的收入都是按贡献分配的：劳动者的报酬是基于劳动的贡献而获得的工资；企业家的薪金是因经营管理的贡献而给予报酬；资产所有者的报酬是根据资金或资本的贡献而获得的利息、股息和红利。在社会主义初级阶段，只有贯彻按贡献分配的原则，才能确保民众的机会均等，优化资源的配置，提高社会经济效率，促进国民经济的协调发展。

党的十六大报告提出：要确立生产要素按贡献参与分配的原则，初次分配注重效率，再分配注重公平，调节差距过大的收入。党的十七大报告又提出：要健全生产要素按贡献参与分配的制度，要处理好效率和公平的关系。让更多群众拥有财产性收入，强化税收调节，调节过高收入，扩大转移支付，创造机会公平，逐步扭转收入分配差距扩大趋势。党的十八大报告指出：坚持维护社会公平正义、坚持社会主义基本经济制度和分配制度，加大再分配调节力度，使发展成果惠及全体人民，朝着共同富裕方向前进。

因为我国应长期坚持按各种生产要素的贡献进行收入分配的原则，所以，

---

① 蔡继明. 略论社会主义初级阶段的分配原则 [J]. 理论视野，1999（1）：40-42.

按贡献取得的任何一种收入，我们都没有理由歧视。所以，静雅婷"提高非劳动所得的税率"的观点是不正确的，不利于把国民经济这块蛋糕做大做好。不论何种所得，在征税时，都应被平等地对待。要实现"再分配更加注重公平""强化税收调节""平衡劳动所得与资本所得税负水平""适当加大对高收入者的税收调节力度"的目标，个人所得税就不能采用并立型分类综合所得税制。要公平，应对所有类型的所得同等地对待，不应厚此薄彼，而并立型分类综合所得税制并不对所有的所得都采用超额累进税率，而只对部分所得采用超额累进税率；要公平，根据量能负担原则，所得多者应该多纳税，所得少者应该少纳税，这是并立型分类综合所得税制做不到的。并立型分类所得税制由于部分所得适用比例税率，调节收入分配的力度会小很多，在某些情况下，会出现逆调节，所以，无法缩小收入分配差距。

选择个人所得税税制模式，要受到个人所得税税种地位的制约，目前我国个人所得税收入所占比重较小，应以简便易行为原则。这关系到税制能否顺利地推行和实施以及个人所得税的征管效率。

中国目前有一大半的个人所得税纳税人没有申报纳税的亲身体验，在这种情况下，个人所得税实行综合所得税制，要求所有纳税人自行申报纳税，这是难以做到的事。即使所有纳税人能做到自行申报，税务机关也难以承担纳税申报表审核的巨大的工作量。

个人所得税在我国是一个较小的税种，其税收收入占我国税收总收入的比重在 2017 年和 2018 年刚过 8%，根据当前我国的税收征管水平，从公平和效率两个方面考虑，我们建议：我国的个人所得税应实行交叉型分类综合所得税制。

六、设想中的交叉型分类综合所得税制

交叉型分类综合所得税制的结构是：首先制定分类征税制度，对不同的所得规定不同的生计费用扣除标准和税率，各单位在支付个人所得时，先按分类征税制度的规定源泉扣缴税款，并进行全员扣缴个人所得税的申报。对于不履行扣缴义务或不进行全员扣缴个人所得税的申报的单位要依法给予惩罚。这样，不会因纳税人不申报纳税而流失个人所得税税款。其次制定综合征税制度，以人均应纳税所得额为基础设计超额累进税率表，只要求全年所得超过一定标准个人及其家庭在纳税年度结束后，适用综合征税制度。纳税年度结束后，加总纳税人及家庭成员全年取得的所有所得，考虑家庭成员的构成，扣除生计费用扣除标准，按人均应纳税所得额查找税率表确定税率计算应纳税额，

再算出该家庭的应纳税额，在取得所得时已被扣缴的所得税或已经预缴的所得税可以从该家庭的应纳税额中扣除，也即实行多退少补的汇算清缴制度。

为了鼓励纳税人在纳税年度结束后自行申报纳税，分类征税制度在源泉扣缴时，劳动所得的生计费用扣除标准应规定得稍低①一些，非劳动所得项目根本不规定生计费用的扣除；综合征税制度的生计费用扣除标准可适当高一些，在纳税年度结束后纳税人自行申报有可能获得一些退税。如此，纳税人自行申报纳税的积极性就被调动起来了。

这样低收入者的税收负担会不会比较高？笔者认为不会。低收入者的所得主要来源于劳动所得，如工资收入，其他所得比较少或根本没有。而劳动所得在源泉扣缴时，是有生计费用扣除的，劳动所得达不到生计费用扣除标准是不会被扣缴个人所得税的，而被扣缴了个人所得税的劳动者，一般来说是具有进行个人所得税纳税申报的文化水平和能力的。只要个人所得税制度设计得科学简明，应纳税额的计算和纳税申报就很简单。

同时，为了防范由于分类扣缴的税额少于综合申报的应纳税额，纳税人不进行纳税申报，应规定年所得超过某一标准的个人必须进行年终纳税申报，汇算清缴，多退少补。如规定：凡是全年所得超过 120 000 元②的个人，必须在下一年度的某日之前进行纳税申报和汇算清缴。这样，由于不是所有的人都需要进行年终的纳税申报，可以减轻税务机关征收管理和稽核的工作量。进行年终纳税申报的纳税人，由于对全部所得考虑家庭情况综合扣除费用，然后按照统一的超额累进税率计算税额，源泉扣缴的税款在综合申报纳税时，可以从中扣除。这样，不仅征管效率高而且又符合量能负担原则，纳税人的税收负担很公平。

不强制年所得没有超过规定标准的个人进行纳税申报，并不会对个人所得税收入造成影响。这些人的所得主要是工资薪金，工资薪金一般比较平均，其年终申报纳税适用的税率和源泉扣缴时的税率基本上一致，即使让其进行纳税申报，一般也不需要补缴税款。对于月工资收入起伏比较大的年所得总额没有超过规定标准的个人，如果多缴了税，可以进行纳税申报，要求税务机关退税给自己。

---

① 此处的稍低，只是相对于纯粹的综合所得税制而言的。

② 这与目前我国个人所得税征管的要求相衔接，当然，根据我国目前的收入水平也可以把此标准定高一些，如 200 000 元。

七、选择交叉型分类综合所得税制的优势

（一）有利于兼顾公平和效率，贯彻"公平正义"原则

没有公平正义的社会是不可想象的，追求公平正义是和谐社会形成的重要前提，是社会进步的一种价值取向。2005 年时任总书记的胡锦涛在一个省部级领导干部的研讨班上强调："社会主义和谐社会是公平正义的社会，必须把社会公平提到更加突出的位置。"2014 年国家主席习近平在新年贺词中说："我们推进改革的根本目的，是要让国家变得更加富强、让社会变得更加公平正义、让人民生活得更加美好。"公平正义是权利与义务的对称，是协调社会关系的基本准则，也是一个社会凝聚力的重要源泉。只有遵循了公平正义的原则，才能使社会各阶层、各群体在建设社会主义的过程中充分发挥自己的聪明才智，和谐相处，各得其所，使广大人民群众充满希望，自觉自愿地为国家的富强、人民的安康而努力拼搏。

实行交叉型分类综合所得税制，既可以通过分类征税、源泉扣缴防范税源流失，又可以通过综合征税、综合扣除生计费用，平衡纳税人的税收负担，调节收入分配差距。因为纳税人的各类所得最终都要综合到一起，统一按超额累进税率征税，所以税法不需要精确界定所得的类型，这样可以化解征税过程中判定所得类型的困难。该税制兼顾了个人所得税的行政效率和税负公平问题，更充分地体现了"公平正义"的社会主义原则。

（二）有利于提高个人所得税扣缴质量

如何加强个人所得税的征收管理，许多学者都提出要完善"双向申报"制度。对"双向申报"制度如何实施，却没有更多的论述。事实上，实行分类所得税制，所谓的"双向申报"制度是无法达到对扣缴义务人扣缴税款加强监督的目的的。因为扣缴义务人扣缴的税款就是纳税人该项收入的最终税收负担，所以自行申报一般不存在退税和补税的问题。在不需要退补税的情况下，要求纳税人进行纳税申报实在没有什么意义。实践中，由于不需要退补税，税务机关对年所得超过 12 万元以上的纳税人的年终纳税申报并没有认真仔细地去审核。所以，"双向申报"制度既不适用于分类所得税制，也不适用于并立型分类综合所得税制。

实行交叉型分类综合所得税制，不需税法特别规定就可以建立起"双向申报"个人所得税的机制。在纳税人取得各项所得时，扣缴义务人扣缴个人所得税，这是交叉型分类综合所得税制中分类征税制度的要求。虽然扣缴义务人扣缴税款时，劳动所得已被扣除了生计费用，但由于纳税人年终综合申报纳

税时，获得的生计费用扣除标准更高，或许能够得到退税，纳税人有较强的年终申报纳税的积极性。扣缴义务人在扣缴税款时，因为不知道哪些纳税人会在年终进行纳税申报，害怕因交叉审查审查出问题被处罚而足额扣缴税款，并进行真实扣缴申报。因为有扣缴义务人的扣缴申报在前，纳税人要么不进行纳税申报（如低收入者），要么进行真实的纳税申报。这样，在绝大多数的扣缴申报和纳税申报都真实的情况下，税收征收管理工作的效率就能大大提高了。

（三）可以堵住假借人员身份信息虚列工资逃税的漏洞

在实行交叉型的分类综合所得税制模式的情况下，即使收入不是很高的个人，由于进行年终纳税申报有可能获得退税，所以有可能进行年终纳税申报，一旦这些人进行年终纳税申报，在税务机关大数据交叉审查的条件下，前面曾提到一些私营企业、个人独资企业、个体工商户假借身份信息虚列人员工资逃避个人所得税的情况就会败露。私营企业、个人独资企业、个体工商户就不敢再如此逃税了。

（四）可以增强公众的纳税意识和民主意识

我国个人所得税法的实施已经 40 余年了，我国民众的纳税意识还比较弱，其主要原因是我国的个人所得税实行的是分类所得税制。在这种税制模式下，纳税人要缴的个人所得税绝大多数都是通过代扣代缴交到税务机关的，纳税人拿到手的所得都是税后所得，他们不必关心税额应该如何计算，甚至税额计算正确与否也不关心，自己全年总共缴了多少个人所得税也不甚清楚。不仅普通的纳税人如此，文化水平比较高的高等院校的教师们也不见得都懂得自己一年缴了多少税。2019 年开始全面实施并立型分类综合个人所得税制度，对部分有劳务报酬所得、稿酬所得或特许权使用费所得的纳税人来说，他们由于在取得这些收入、扣缴义务人扣缴税款的时候没有扣除生计费用而多扣了税，会惦记着年终进行退税申报，而没有上述三类所得的纳税人仍是不会关心自己总共缴了多少税的，也不会进行年终纳税申报。这样的现状，纳税人纳税意识的提高无从谈起。同时，由于公众没有意识到政府使用的钱都是公众自己缴纳的和负担的各种税收，所以，公众的民主意识也就比较差，公众不关心政府的各种经济的、行政的行为。

要改变上述现状，实行交叉型分类综合所得税制是一个较好的选择。这种税制起码能使人们在年终关心一下自己一年应该缴纳多少个人所得税，被源泉扣缴了多少税，自己申报纳税能否获得退税。纳税人知道自己缴纳了多少个人所得税，知道政府的金库中有多少是自己直接缴纳的，纳税人必然会关心政府的各种经济的、行政的行为是否有经济效率、是否是为了公众的利益。这样，不仅纳税人的纳税意识能得到增强，而且纳税人的民主意识也会同时得到提高。

当然如果是中低收入者可能获得的退税额很少，相比自行申报和退税过程所费的精力，纳税人可能选择放弃自行申报和申请退税。这也没什么不好，说明分类税制的设计和综合税制的设计在这一收入水平下，两者的税收负担基本相当，纳税人放弃自行申报和申请退税，对纳税人和税务机关来讲都有利，税务机关减轻了工作负担。

（五）有利于和谐社会的构建

经济要发展，社会要进步，离不开全体社会成员的主动性、积极性和创造性的发挥。整个社会凝聚力越大，社会成员之间的关系越协调，个人的目标和国家的目标就越一致。然而，现行的个人所得税的生计费用扣除标准跟不上经济发展和居民消费支出增长的步伐，税收负担明显不公平，它严重地挫伤了工薪阶层人员工作的积极性，使社会凝聚力减弱，影响社会的安定团结、劳动生产效率的提高和人与自然的和谐相处。

实行交叉型分类综合所得税制，就像一场春雨，滋润了人们的心田，去除了他们的心病，让他们重新看到了希望，感受到公平正义的能量，坚定了共同富裕的决心和信心，把主动性、积极性和创造性发挥到极致，使国民经济保持高速平稳地发展。

（六）有利于我国诚信社会的建设

现代社会是信用社会，现代经济是信用经济。人人都要诚信，社会才能和谐。国家和政府应该采取措施让人们、企业和其他经济主体自觉地或被迫地遵守诚信原则。在现实的社会经济生活中，失信、无信、诈骗犯罪的情形时有发生，给广大的人民群众造成了严重的身心伤害。不诚信现象的大量存在，增加了社会经济的运行成本，企业在正常经营中借贷困难，普通民众对政府和社会缺乏信任和信心；一些人靠诈骗、不法经营、贪污、受贿等不法行为而暴富加剧了社会的贫富差距。

现行的个人所得税制使得一些人自觉或不自觉地利用了其不合理之处逃避社会责任，躲避国家义务，严重地违反诚实信用原则。如一些高收入者利用分类征税的缺陷，或转换所得类型或分解自己的收入，以此减轻个人所得税负担；一些经营者通过不领工资或少领工资而将自己及家庭的各种消费支出打入企业的生产经营成本的方法，逃避缴纳个人所得税。人数庞大的工薪阶层，虽然对工资薪金所得很难找到避税的窍门，但也设法通过兼职谋求不必纳税或纳税较少的其他所得。

实行的交叉型分类综合所得税制，可以在一定程度上改变这种不合理的税收负担状况。由于税收负担的公平合理，公众的认同度高，同时所有的所得在征税时被一视同仁地对待，避税空间很小或者说几乎没有避税的空间，可以有效地把高收入者从想逃避纳税义务的桎梏中解脱出来。要想取得更多的税后收入，只能是通过诚实劳动、合法有效的经营来取得，这就为我国诚信社会的建设打下良好的税制基础。

（七）有利于向综合所得税制过渡

在征管水平有了大的提高的情况下，如果税法规定的生计费用的扣除标准和税率水平还比较合适，交叉型分类综合所得税制，向综合所得税制的过渡极其简单：只需将原来要求达到一定收入标准的纳税人必须进行年终汇总申报，改为所有的纳税人都必须进行年终汇总申报即可。

而并立型的分类综合所得税制要向综合所得税制过渡，就必须对许多税制要素做重大变动：原来税制中综合征税的所得所适用的税率肯定不能适用于新的综合所得税制，生计费用扣除标准也同样不能适用于新税制，这些都必须予以重新规定。

综上所述，目前，我国个人所得税制纵深改革应选择交叉型分类综合所得税制。

第四章 我国个人所得税税收管辖权的选择

第一节 税收管辖权概述

一、管辖权

主权独立的国家对其政治权力所涉及的一切人、物、行为和事件都有行使该国法律的权力，通常被称为管辖权。一般来说，一个主权国家的管辖权所能实施的范围，在地域的概念上，是指属于这个主权国家的全部领土，包括领空和领海。也就是说，一个主权国家，可以在它的领土范围内充分行使它的管辖权，超出它的领土范围以外，就不能行使它的管辖权了。在人员的概念上，一个主权国家的管辖权所能实施的范围，是指属于该国的全部公民和居民。也就是说，一个主权国家，可以对属于它的公民和居民行使管辖权，对不属于它的国家的公民和居民，就不能行使其管辖权了。

选择地域概念作为一国行使管辖权的指导思想，称为属地原则。选择人员概念作为一国行使管辖权的指导思想，称为属人原则。

二、税收管辖权

税收是凭借政治权力所进行的一种分配。作为国家主权组成部分的税收管辖权，是指一国所拥有行使的在税收方面的管辖权。

税收管辖权通常分为两类。一类按属人原则确定，称为"居民（公民）税收管辖权"。属人原则认为，一国可以对其公民或居民行使税收管辖权，不论其经济活动是否发生在本国境内，即一国有权对具有本国国籍的公民或者居住在本国境内的所有居民取得的所得征税，而不论所得是来源于本国境内还是本国境外，即可以对公民或居民来源于全世界的所得征税。相应地，强调公民的称为公民税收管辖权，强调居民的称为居民税收管辖权。一国行使居民（公民）税收管辖权，只要是本国居民（公民），就可以对其来自全球的所得征税。另一类是按属地原则确定，称为"地域税收管辖权"。属地原则认为，一国可以在其领土疆域内对各种经济活动行使税收管辖权，不论从事经济活动的纳税人是不是本国居民或公民，即收入来源国有权对任何国家的居民或公民取得的来源于其境内的所得课税。地域税收管辖权是以收入来源地或经营活动地等为标准，确定纳税义务。针对所得税来说，地域税收管辖权又称为所得来源地税收管辖权，一国可对来本国的所得征税，不论所得的取得者是不是本国的居民或公民。

一个国家行使不同的税收管辖权对其财政和经济的影响很大。世界各国根据本国的具体情况决定行使的税收管辖权；一般来说，发展中国家的外来投资比较多，而对外投资比较少，非居民（非公民）来源于本国境内的所得较多，所以更重视行使地域税收管辖权；发达国家的外来投资较少，而对外投资比较多，本国居民（公民）来源于境外的所得较多，所以更重视行使居民（公民）税收管辖权。然而，只行使一类税收管辖权显然难以维护本国的经济利益；从保证财政收入以及维护国家主权两方面考虑，一国应同时行使两类税收管辖权。

目前，大多数国家同时行使地域税收管辖权和居民税收管辖权，我国也不例外。只有少数国家和地区仅实行地域税收管辖权，如萨尔瓦多、哥斯达黎加、玻利维亚、巴拿马、多米尼加、尼加拉瓜、危地马拉、博茨瓦纳、委内瑞拉、文莱、扎伊尔、津巴布韦、埃塞俄比亚、南非、纳米比亚、莫桑比克、加纳、塞浦路斯、马拉维、阿曼、越南、乌拉圭、巴拉圭、中国香港、中国澳门等国家和地区只行使地域税收管辖权①；尼日利亚、老挝只行使居民税收管辖权。

此外，美国、韩国、立陶宛、牙买加、塞内加尔、赞比亚等少数国家同时行使地域、居民和公民三种税收管辖权。在这些国家，其居民和公民都要就他们来源于全世界的所得向政府缴税。

---

① 其中有些国家，如乌拉圭、阿曼等不征收个人所得税，只征收公司所得税。有的资料将阿根廷包括在这类国家中，是不准确的。1998年阿根廷税制改革后，从1998年纳税年度起，阿根廷也开始同时使用两种税收管辖权。委内瑞拉从1998年开始酝酿税制改革，准备同时行使居民税收管辖权。

第二节　居民纳税人与非居民纳税人的确定

在同时行使两类税收管辖权的国家，纳税人被划分为居民（公民）纳税人和非居民纳税人两类。居民（公民）纳税人和非居民纳税人的纳税义务有较大的区别。居民（公民）纳税人负有无限纳税义务，即要对其来源于全世界的所得向居住国（国籍国）纳税；非居民纳税人负有有限纳税义务，即仅对其来源于该国境内的所得向该国纳税。

一、公民身份的确定

在少量行使公民税收管辖权的国家，存在公民身份的确定问题。通常，凡属本国公民即确定为公民纳税人，负有无限纳税义务。确定公民身份的关键是对公民资格的认定。一般来说，公民是指拥有一国国籍并享有该国法律规定的权力同时承担该国法律规定的义务的自然人。对公民的界定，不同国家的规定不尽相同，但都以国籍作为确定公民身份的主要标准。

国籍是指某个自然人所具有的属于哪个国家的身份。自然人通过以下两种方式取得国籍：

第一种是因出生而取得国籍，即因为自然人的出生而取得国籍。这种国籍也称为原始国籍或生来国籍。各国因出生而取得国籍的原则是不同的，主要有三种：一是血统原则。在实行血统原则的国家，即以父母的国籍为出生者的国籍。如东欧、西欧、日本和俄罗斯等国家按该原则确定国籍。血统原则又分为双系血统原则（要求其父母双方都拥有本国国籍，其子女才能拥有本国国籍）与单系血统原则两种。二是出生地原则，即自然人具有其出生地所在国的国籍。也就是说，一个人在本国出生，就被赋予本国国籍。拉美和东南亚的一些国家通常按该原则确定国籍。在采用出生地原则的国家中，如何认定出生地，不同的国家有不同的规定。如英国规定，凡在英国商船上出生的人，不论其出生时，该商船在哪里，均取得英国国籍；美国法律规定，在美国领海内的商船上出生的人，不论商船的船籍是哪个国家，都取得美国国籍。三是混合原则，即同时采用血统原则和出生地原则确定国籍。但有的国家以出生地原则为主，以血统原则为辅。如英国以出生地原则为主，凡出生在英国土地上的人均拥有英国国籍；英国人在国外所生的子女仍拥有英国国籍。有的国家以血统原则为主，以出生地原则为辅。如法国以血统原则为主，但其父或其母出生于法国本人也生于法国者，可拥有法国国籍。

第二种是继有国籍。继有国籍的取得主要有两种：一是国际法上的原因，如国家合并或领土割让，即领土变更，会造成所涉及领土上的人民变更国籍。二是国内法上的事由，如当事人自愿申请取得某国国籍，即归化（入籍）。

二、居民身份的确定

居民身份的确定标准有三种：住所标准、时间标准和意愿标准。不同国家规定的居民身份判定标准差异很大。同时采用前两种标准的国家占大多数，意愿标准只有少数国家采用，个别国家只采用时间或住所一种标准。如哈萨克斯坦只采用时间标准，比利时、马耳他、喀麦隆只采用住所标准。

1. 住所标准

住所和居所都是出自日语，英语则分别为 domicile 与 residence。这两个词在法律上具有不同的含义。住所是指有永久居住意愿的住处，不是指住宅，是税收制度中的一种特殊用语，通常为配偶、家庭、经济中心或重要利益所在地。住所标准是指纳税人如果在一国境内拥有住所，就是该国税收居民。

居所是指有不定期居住意愿的住处，即为了某种目的，如谋生、经商、求学等而作非永久居住的所在地。由于不定期居住意愿是比较抽象的概念，要判断一个人是否属于在某个国家有居所的居民个人，那还必须依据一定的居住时间这个更为具体的标准来进行判断。

2. 时间标准

时间标准以自然人在本国境内停留或居住的时间来判定其是否是本国居民，如果达到规定的时间，就是本国居民。实践中，各国的规定五花八门，可以概括地表述为：如果自然人（包括本国公民和外国人）在一定时间范围内（通常为纳税年度或日历年度），在行使居民税收管辖权的国家内居住或停留超过一定时间（这一时间通常是连续的或累计的），就被认定为该国居民。

关于时间范围的规定有三种：纳税年度、日历年度或任何连续的 12 个月。

关于停留或居住时间的长度，各国的规定可以划分为两大类。一类是一年的标准，只有少数国家使用；一类是半年的标准，大多数国家使用。

对于居民，有些国家还区分长期居民和非长期居民。一般来说，对非长期居民的境外所得有一定的减免税，对长期居民的境外所得则正常征税。如果自然人在本国停留或居住超过某一规定年限后，就成为长期居民。例如，哥伦比亚、阿根廷和日本规定，外国人在本国居住满 5 年就是长期居民，要就其境内外的所得纳税；智利规定，住满 3 年为长期居民；斯里兰卡规定，住满 2 年为长期居民。

3. 意愿标准

意愿标准是指，纳税人如果有在某国长期居住的愿望，就是该国的税收居民。这一标准执行起来有些弹性，只有列支敦士登、瑞士、希腊、挪威、葡萄牙、土耳其、印度尼西亚、牙买加、赞比亚、法属圭亚那等少量国家和地区采用。其中，挪威、葡萄牙、土耳其、印度尼西亚、赞比亚、法属圭亚那还同时采用时间标准，牙买加同时采用上述三种标准。

另外，对于本国公民或已经成为居民的外国人，部分国家税法通常还规定有一种"退出机制"，这可以归纳为：如果在境外住满一定时间后，可以被视为不再存在税收居民关系。但各国对此的具体规定十分复杂，时间标准没有规律可循。例如，芬兰规定本国公民在境外居住 3 年期间仍为居民，3 年后如果能证明与芬兰没有实质性联系的，则不再存在居民关系；秘鲁规定的时间标准为在国外居住 2 年以上；斯里兰卡规定为不间断地离开斯里兰卡 365 天；等等。

三、非居民身份的确定及纳税义务

各国一般规定，有来源于本国所得的自然人除本国居民之外都是非居民纳税人。非居民纳税人有两类。一类是外国人，可以再细分为两种：一种是在该国停留或居住，但时间不长的外国人；另一种是不在该国停留或居住但从该国取得所得的外国人。另一类是本国公民，这些本国公民达到其他国家的税收居民条件，在本国居住时间相对较短或根本不居住，这些公民需要向本国税务机关提供其属于其他国家税收居民的证明，在有证明的情况下可以按非居民负担纳税义务。

一般情况下，非居民纳税人可以只就来源于该国境内的所得向该国政府缴税。其计税方法与居民也存在较大的区别，非居民通常无权获得个人宽免和扣除①。

大多数国家对非居民的工资薪金规定与居民相同的累进税率，但也有少数国家规定，对非居民的工资薪金适用比例税率。如新加坡对非居民纳税人的工资薪金按15%的比例税率征税，或者按居民纳税人适用的超额累进税率征税，具体到每一非居民纳税人，要看两种方法中，哪一种计算的税额高，按高的税额征收。对非居民纳税人的咨询费、董事费和所有的其他所得，如果不符合双

---

① 有的国家如美国即使规定非居民纳税人有宽免和扣除，也远远低于居民纳税人。

边税收协定规定的优惠政策的话，按 22% 的比例税率征税①。这样，在新加坡，当非居民纳税人的工资薪金按 15% 的税率征收所得税时，其个人所得税负担比作为居民纳税人重；当其工资薪金所得按居民纳税人适用的税率计算税额征收所得税时，其个人所得税负担与居民纳税人相同。所以，新加坡的非居民纳税人的税收负担一定不轻于居民纳税人，多数情况下重于居民纳税人。

非居民的部分应税所得（如股息、利息、特许权使用费）通常适用于比例税率的预提税。所谓预提税并不是一个独立的税种。它是对不在居住国境内注册并且未设立机构、场所的公司、企业和其他经济组织，或是不在居住国境内居住的个人，有来源于境内所得的，东道国行使收入来源地管辖权，对该所得预提所得税。预提所得税采用比例税率。税率通常为 20%~30%，少数国家为 40%。

大约 20 个国家对非居民额外规定了一个时间标准。如果非居民的居住或停留时间不超过该标准的，被视为短期出差或旅行，其来源于境内的所得免税。例如，新西兰为 92 天。

少数国家，如日本、中国、阿根廷等对居民和非居民还进一步做了划分。例如，日本税法规定有非居民、非永久居民和永久居民的概念。非居民仅就从日本取得的所得纳税；非永久居民需要就从日本取得的所得以及来源于境外但汇至日本的所得纳税；永久居民就全球所得纳税。非居民居住满 12 个月即被视为非永久居民。居住时间超过 60 个月，即被视为永久居民。

第三节　我国个人所得税的税收管辖权

我国与大多数国家一样，个人所得税同时采用地域税收管辖权与居民税收管辖权，但其中一些规定不太能维护我国的税收利益。

一、现行个人所得税的规定

依据国际惯例，我国个人所得税将纳税人划分为居民纳税人和非居民纳税人两类。

（一）居民纳税人

根据我国 2018 年以前个人所得税法的规定，在我国境内有住所，或者无

---

①　即按居民纳税人所适用的最高边际税率征收。这一税率原来是 20%，自 2017 财年提高到了 22%。参见新加坡国内收入局网站，https://www.iras.gov.sg/irashome/Individuals.

住所而在境内居住满一年的个人是我国的居民纳税人。在我国境内有住所是指户籍、家庭、经济利益关系在中国境内。在境内居住满一年是指在一个纳税年度中在我国境内居住 365 日。在计算无住所的个人一个纳税年度中在我国境内居住的天数时，一次离境不超过 30 日或者多次离境累计不超过 90 日的是临时离境，不扣减天数。居民纳税人应就其来源于我国境内、境外的所得向我国申报纳税，即应负无限纳税义务。

为了便于人才的国际流动，本着从简、从宽的原则，对于在我国境内无住所、居住不满五年的居民纳税人，规定只对其在我国境内工作期间的工资薪金所得征收个人所得税。对于其来源于我国境外的其他各种所得，经批准，可以只就由我国境内的公司、企业或个人支付的部分征收个人所得税。

对于无住所而在我国境内居住超过五年的个人，从第六年起，我国对其来源于境内外的全部所得征收个人所得税。但财政部、国家税务总局又规定：无住所的个人在我国境内居住满五年后，从第六年起，凡在我国境内居住不满一年的，只就该年内来源于我国境内的所得纳税。如果该个人在某一纳税年度在我国境内居住不到 90 天，只就来源于境内的所得中由境内企业支付或负担的部分纳税，由境外雇主支付的部分在我国免税，并从其再次居住满一年的纳税年度起重新计算五年期限。许多无住所的个人利用财政部、国家税务总局的这一规定，得以长期在我国居住却不成为我国的长期居民。

2018 年颁布的《中华人民共和国个人所得税法及其实施条例》规定，"在中国境内有住所，或者无住所而一个纳税年度内在中国境内居住累计满 183 天的个人，为居民个人。""在中国境内无住所的个人，在中国境内居住累计满 183 天的年度连续不满六年的，经向主管税务机关备案，其来源于中国境外且由境外单位或者个人支付的所得，免予缴纳个人所得税；在中国境内居住累计满 183 天的任一年度中有一次离境超过 30 天的，其在中国境内居住累计满 183 天的年度的连续年限重新起算。"前一规定使我国的居民税收管辖权的行使范围有所扩大；后一规定定义了我国无住所的个人成为长期居民的条件是："在中国境内居住累计满 183 天的年度连续满六年"，但"在中国境内居住累计满 183 天的任一年度中有一次离境超过 30 天的，其在中国境内居住累计满183 天的年度的连续年限重新起算。"这又使得在我国无住所的个人很容易不成为长期居民而长久享受"境外所得境外支付"免税的优惠，使我国行使居民税收管辖权征税的权益打了折扣。

（二）非居民纳税人

根据我国税法，在我国境内无住所又不居住或者无住所而在境内居住时间标准的个人是非居民纳税人，仅就来源于境内的所得向我国纳税。

非居民纳税人涉及的所得来源比较复杂，其支付形式也比较多。为了兼顾其他相关国家的税收利益，我国个人所得税法根据国际惯例，对非居民纳税人中，在我国境内连续或累计工作不超过90天的，其来源于中国境内的所得，由境外雇主支付并且不由该雇主在中国境内的机构、场所负担的部分，免予缴纳个人所得税。但是在中国境内担任企业董事或高层管理人员的非居民纳税人，在境外履行职务而由境内企业支付董事费或工资薪金所得，仍需在我国缴纳个人所得税。

二、存在的问题——2018年前我国居民税收管辖权实施范围太小

一般说来，一个国家国内法所规定的居住时间标准，与它的居民税收管辖权行使范围是呈反比关系的，即居住时间标准制定得越短，居民税收管辖权行使范围越大，反之，居民税收管辖权行使范围越小。

（一）居住时间标准为一年，且有"一个纳税年度"的限制

世界上大多数国家使用的居住时间标准是半年，如英国，其居住时间标准比较复杂，它规定的大体内容如下：凡是在一个纳税年度内，居住英国满六个月；或者在一个纳税年度内，居住英国虽然不满六个月，但每年居住三个月，连续达五年以上的，从最初年度起，都应被认定为符合有不定期居住意愿的居所的英国居民个人。凡是在英国居住已满三年，包括已住满三年，而在某个纳税年度内并不住在英国，但是按其通常生活方式又是属于例外的，也都应该认定为英国居民。与居住时间标准是半年的国家相比，我国的居民税收管辖权行使的范围就小得多。如一个跨国自然人，在一个纳税年度内，居住英国和我国的时间各为六个月，那么，他在任何情况下，都是英国的居民纳税人，英国有权对其来源于全世界的所得征税，他在任何情况下，都不是我国的居民纳税人，而我国只能对其来源于我国境内的所得征税。

世界上只有少数国家使用一年的居住时间标准，与适用一年标准的日本相比，我国居民税收管辖权行使范围也偏小。日本的所得税法规定，凡在日本连续居住一年的，应被认定为日本居民征税。而我国规定的在境内居住满一年，因为有"在一个纳税年度中"的限定，使得跨年度在我国连续居住一年的跨国自然人将可能不成为我国的居民纳税人。由于日本的规定中没有"在一个纳税年度中"的限定，如一个跨国自然人，在从2016年6月1日起至2017年5月31日止的这个连续一年的时间内居住在日本，或者居住在我国，那么，他居住在日本，就是日本的居民纳税人，从而属于日本居民税收管辖权行使的

范围；而如果居住在我国，就不是我国的居民纳税人，从而不属于我国的居民税收管辖权行使的范围。所以，我国居民税收管辖权的行使范围小于日本。

（二）"五年规则"形同虚设

有些国家在个人所得税法中还区分长期居民纳税人和短期居民纳税人，即还规定了一个期限标准，如果纳税人在该国居住或停留时间超过该期限后就是长期居民，不再按年认定其居民身份。例如，哥伦比亚、阿根廷和日本规定的这一期限是"五年"。

我国也有类似规定，期限为五年，常被称为"五年规则"，但由于规定得不科学，形同虚设。因为我国明确规定，在我国境内居住满五年后的个人，从第六年起，凡在境内居住不满一年，该年只就来源于境内的所得在我国纳税。该个人某一纳税年度如果在境内居住不满 90 天，其来源于境内的所得中，只就由境内企业支付或负担的部分在我国纳税，由境外雇主支付的部分在我国免税，并从其再次居住满一年的年度起重新计算五年期限。这一规定又进一步缩小了我国居民税收管辖权的行使范围。

在我国无住所的外籍个人很容易利用此规定避免成为我国的长期居民纳税人。在我国无住所的外籍个人在我国居住满五年后，只要其某一年度在我国居住时间不满 1 年，就不需要承担居民纳税义务；如果某一年度在我国居住时间不足 90 天，就不再是居民纳税人，需要重新再计算五年居住时间，相当于完全解除了其居民纳税人身份。

由于我国对"居住满五年"的解释为居住满 1 年的情形要连续 5 年。这使得外籍个人很容易规避这一规定。即使其在我国境内居住满 4 年，在接下来的 1 年内只要一次离境超过 30 天或一年内离境累计超过 90 天，就可以使此前所累积的居住年份无效，而重新开始计算"居住满五年"时间。事实上，个人所得税开征 40 余年了，无住所的个人在我国承担正常居民纳税义务的情况非常罕见，造成了我国个人所得税税源的大量流失。

三、2019 年起我国居民税收管辖权实施范围有所扩大，但还显不足

2018 年颁布的《中华人民共和国个人所得税法及实施条例》，虽然将认定居民个人的标准改为了 183 天，但其前面仍有"一个纳税年度"的限定，这又使得被认定为居民个人的范围有些缩小。有许多国家在认定居民个人身份的时候，不仅是当年或连续 12 个月内居住满 183 天（也有 180 天、182 天的），而且在当年或连续 12 个月内居住不满 183 天时还考察以前年度的情况，以确定纳税人的居民身份，如英国、爱尔兰、美国、印度等。

2018 年颁布的《中华人民共和国个人所得税法及实施条例》关于长期居民认定的时间标准，不再是"五年规则"，而变成了"六年规则"。因为其第四条规定："在中国境内无住所的个人，在中国境内居住累计满 183 天的年度连续不满六年的，经向主管税务机关备案，其来源于中国境外且由境外单位或者个人支付的所得，免予缴纳个人所得税；在中国境内居住累计满 183 天的任一年度中有一次离境超过 30 天的，其在中国境内居住累计满 183 天的年度的连续年限重新起算。"在我国境内无住所的个人，只要每隔 5 年离开我国超过 30 天，就永远不需要就来源于我国境外且由境外单位或者个人支付的所得，向我国缴税，也即永远不需要向我国履行完全的居民纳税义务，所以，新的"六年规则"又是形同虚设。

四、改革方向

我国仍应坚持地域税收管辖权与居民税收管辖权并用的原则。

如前所述，对居住或停留时间标准的规定，大多数国家采用半年的标准，如使用"183 天"和"6 个月"等标准；很少国家采用 1 年的标准。我国 2018 年以前个人所得税规定的认定居民纳税人的居住时间标准，与其他国家相比属于最严格的标准。不仅有"在一个纳税年度中"的限定条件，而且要求居住满一年，这就使得外国人在我国已连续居住接近两年，都可能不是我国的居民纳税人。

我国个人所得税的纵深改革应降低我国居民纳税人的认定标准：在我国境内有住所或没有住所但在连续 12 个月内在我国境内居住 183 天及以上者，为我国居民纳税人，就其来源于我国境内外的所得在我国纳税，但境外所得汇入我国的部分才在我国纳税，没有汇入我国的部分不在我国纳税。在我国有住所，或没有住所但 5 年中每年在我国连续或累计居住 183 天及以上者，从第 6 年开始，只要其当年达到我国居民纳税人认定标准，就是我国的长期居民纳税人，应就其来源于我国境内外的所得（不论是否汇入我国）向我国纳税。

另外，我们应该向美国等国家学习，规定意愿标准，即如果某人有在我国长久居住的主观愿望，其就是我国的长期居民纳税人。在我国长久居住的主观愿望应以取得在我国长期居留权为判定标准。在我国取得长期居留权或永久居留权的个人是我国的长期居民纳税人，我国可以对他们行使正常的居民税收管辖权，对其来源于境内外的所得征税，不再有区别于有住所的居民纳税人的税收优惠。

第五章　我国个人所得税课税范围的确定

第一节　关于应税所得的学说

在确定个人所得税的课税范围时，什么是"应税所得"？在税收学界比较有代表性的观点有下面四种。

一、流量说

"流量说"的代表人物是费雪。费雪认为纳税人特定期间内所消费的商品及劳务的货币价值是"应税所得"。"流量说"定义的"应税所得"未包括尚未消费部分的所得，即未包括个人的储蓄，这是其一个显著特点。该学说认为，如果对用于储蓄的所得征税，对储蓄产生的所得再征税，是重复征税。

笔者认为，这一观点有待商榷，因为用于储蓄的所得，即尚未消费的所得是纳税人的一部分所得，而储蓄所产生的所得是纳税人的另一部分所得或者说是纳税人的又一次所得，对这前后不同时间产生的所得征税，不是重复征税；如果对尚未消费的所得不征税，而仅对用于消费的所得征税，则与总额消费税就没有区别了。一般情况下，所得越多的人，所得中用于储蓄的比重越大，如果对用于储蓄的所得不征税，是不符合税负公平原则的。但是，"流量说"的这一观点有利于资金不足的发展中国家鼓励储蓄、积累资本。若就鼓励储蓄来讲，费雪的观点也有不足之处：鼓励储蓄，不在于对进行储蓄的所得本身免税，而在于对储蓄所产生的所得——利息免税。

二、周期说

普伦是"周期说"的代表人物。他认为"应税所得"是可供消费的所得，应具有重现性。"周期说"比"流量说"前进了一步,因为其"可供消费的所得"包括纳税人已经消费和尚未消费两部分所得,即把储蓄也列入应税所得范围,比较符合量能负担的公平原则。然而,该学说的不足之处在于"应具有重现性"。某种所得是否具有重现性难以界定,使征税机关征税时存在困难。此外,该学说将不具有重现性的所得排除在征税对象之外,但不具有重现性的所得在实际生活中,通常数额巨大,如果对其不征税,不符合量能负担的公平原则及普遍原则。

三、所得源泉说

最初的"所得源泉说"认为,"应税所得"应是从一定的永久性来源取得的固定收入。后来,弗里茨·纽马克将其表述为:只有从一个可以获得固定收入的永久性"来源"中取得的收入才应被视为"应税所得"。

以纽马克为代表的"所得源泉说"认为,只要所得的来源具有永久性,那么,从这一永久性来源获得的非固定收入也是"应税所得"。"所得源泉说"是将"应税所得"与"永久性来源"联系起来,亦即将应税所得与资本联系起来。从这一联系出发,可以得出如下结论:对资本本身增值的所得不是应税所得,不应该征收所得税,而对资本应用产生的所得才是应税所得,应该征收所得税;或者说,不是树木本身的价值,而是树木结出的果实的价值,才是真正的课税客体。

这种学说基本上符合现代所得税法发展的趋势。

四、净资产增加说

"净资产增加说"认为,"应税所得"是指纳税人一定时期内新增加的且可由其自由支配的经济资产总额。这一理论的实质是把所有收入扣除获取该收入的各项费用、损失后的余额作为所得。

1896年,范·尚茨在一篇专题文章中对"净资产增加说"理论进行了明确阐述:"应税所得"往往是指由于纳税人提供劳务,从事生产经营,进行各种投资(包括物资、资金、技术等各种有形和无形的投资)而取得的收入扣除为此所支付的成本、费用之后的余额[①]。范·尚茨认为:"应税所得"包括所有的净所得和由第三者提供劳务以货币价值表现的福利、所有的赠与、遗产、中彩收入、投保收入和年金、各种周期性收益,但要从中扣除所有应支付

---

① 靳东升. 个人所得税改革与税收公平的实现 [J]. 地方财政研究, 2005 (5): 33-35.

的利息和资本损失。

此后，其他学者试图改进尚茨的定义，使之更为完善。美国学者西蒙斯指出，"应税所得"是在一定时间段上人们的经济力量以货币表现的净增加额①，或者说，"应税所得"是人们在一定时间段上净资产增加额与净资产减少额的差额。据此观点，人们在一定时间段上所有的净资产增加额——不论是连续性、经常性，还是偶然性、临时性的所得，都是"应税所得"。"净资产增加说"比流量说和周期说界定的征税范围更完备，因为它坚持经济能力是纳税能力的表现，人们净资产的增加代表着人们经济能力的增强，人们净资产增加表明人们纳税能力增强。另外，不论所得的来源如何，不管是偶发性所得还是重现性所得均包括在征税范围内，符合税制优化原则中的普遍原则和税负公平原则。

目前，还没有哪一个国家只采用一种立法思想来规定所得税的征税范围。实际采用的规定征税范围的方法有两种。一是在税法中制定关于应税所得的概括性条款，明确除了税法规定免税的所得项目之外的所得都是应税所得。采用这种方法，可以避免对应税所得做出限制得很死的解释，给纳税人避税打开方便之门。美国就是采用的这种办法。二是在税法中把应税所得划分为几类，分类详尽地规定如何计算应纳税所得额，所规定的应税所得之外的所得就是免税的所得，把总所得定义为各种应税所得的总额。

第二节　个人所得税应税所得的性质

一、应税所得是否必须具有合法性

一般被各国的所得税法所列入征税范围的所得多是合法所得。至于非法所得，如贪污、走私、盗窃、诈骗、赌博、抢劫等应不应该列入征税范围，各国的所得税法有不同的规定，经济学家也有不同的观点。

不少西方国家已经确立了这样的征税原则：不论是否合法，只要在经济上取得收益，都征税。比如美国的个人所得税法规定：凡能增加负税能力的所得，不管来源、形式及合法性，都是应税所得。德国《税法通则》第四十一条规定：不论一项法律行为是无效的或变为无效，只要当事人允许该法律行为的经济结果出现和保留，都不影响对该法律行为的征税，也即德国对非法所得

---

① 高尔森. 国际税法［M］. 北京：法律出版社，1992：19.

是征税的。日本的个人所得税法也规定：对非法所得，不论其在私法上是否能有效保有，只要该项非法所得现实上由所得者支配，就构成应税所得。

英国经济学家埃德温·坎南（Edwin Cannan）认为，应税所得应将不合法的所得和偶然所得排除在外，应税所得应仅指正规的并有恒久性的所得①。《中华人民共和国个人所得税法》第二条所规定的应税所得均为合法所得。

笔者认为，要有效地公平税收负担、调节社会收入分配差距、强化对高收入者个人所得税的征管，就要打破"只能对合法所得征税"的理论禁区，特别是在制定综合征税制度时，更应该将所有的所得，不论其合法与否都列入征税范围。

从中国的现实情况来看，许多高收入者的所得来源渠道中很多不是很规范，他们的所得中有许多是隐性的、灰色的，甚至是"黑色的"。如果"只能对合法所得征税"的话，税务机关在征税时就需要对每一笔所得进行鉴别，看其是否合法、是否能对其征税。这从征收的可行性和税收效率两方面来看都是很难做得到的。所以，应该遵循"税收独立"原则，即国家对纳税人的某一所得征税，不考虑所得的合法性，只看该所得是否增强了纳税人的负担能力。在个人所得税法中应明确规定：在纳税年度结束后，纳税人进行纳税申报时，对于自己取得的每一笔所得，不论是否合法，均应进行纳税申报，不申报就属于违法，就应受到相应的处罚。对于纳税人没有申报的所得，只要是税务机关核查在先，税务机关都应对其征税。征税之后，如果司法部门认定其所得是非法所得，可以对违法者进行法律制裁；如需对违法者处以没收违法所得，已纳所得税金可以从中扣除，即没收其税后的违法所得。

二、应税所得是否必须具有连续性

应税所得是否必须具有连续性，不同的学者有不同的主张。埃德温·坎南主张应税所得应具有连续性，他不仅认为应税所得应为合法所得，而且认为应当将偶然所得排除在应税所得之外，只有经常性所得才是应税所得，即应税所得应具有连续性。但也有不少学者主张将不具有连续性的所得如特许权使用费等也列入征税范围②。偶然性或一次性所得同样增加纳税人的负担能力，从公平性角度考虑，就应纳入征税范围，即应税所得不是必须具有连续性的，许多国家也是这样做的。《中华人民共和国个人所得税法》规定的应税所得既有连

---

① 李九龙，于鼎丞. 外国税制 [M]. 大连：东北财经大学出版社，1987：62.
② 高尔森. 国际税法 [M]. 北京：法律出版社，1992：19.

续性所得，又有偶然性所得。从法理上讲，对临时性、偶然性所得不征税，有损于税收公平原则。笔者的意见是对偶然性、临时性所得也应征税。

三、应税所得应是可以计量的经济上的所得

应税所得应是可以计量的经济上的所得，不包括精神上的所得，如心理上、体质上的愉悦体验和知识性、荣誉性收益，都不是应税所得，实际上也无法对其征税。各国税法规定的应税所得都是经济上的所得①。而经济上的所得包括现金所得和实物所得。各国税法通常都规定，应税所得以本国货币为单位计算应纳税所得额。如果纳税人取得的所得为外国货币的，要按税法规定的方式折合成本国货币表示的所得计算缴纳税款。如果纳税人取得的所得是实物或有价证券，则应按照市场价格或公允价格折算成货币金额计算纳税。可见，应税所得应是可以计量的经济上的所得，包括货币所得、能以货币衡量和计算其价值的实物或有价证券等所得。

四、是否应该对附加福利征税

附加福利是指雇员从雇主处得到的所有非货币化的经济利益。

德国个人所得税的特点之一就是对附加福利征税。德国的公司雇员包括公司领导成员，如总经理等。德国通过详尽的税法条款将以实物、好处形式取得的所得纳入征税范围，这些好处减少了个人生活开支，如食堂补贴、公车私用、本企业的减价或者免费产品等。

对于雇主通过食堂给予员工的伙食补贴，德国财税局制定了限定标准，超过标准的就作为员工增加的工资。

德国的公车私用有因私用车、上下班用车以及分居两地的夫妻探亲用车等。公车私用的好处是有两种方法记入个人收入：一种方法是比例分摊法，即根据"用车记录"的公用和私用的里程比例来分摊此车的费用，包括保险、修理、折旧、汽油费等。私用分摊的费用要作为个人工资的增加。这要求公司对每辆汽车都设立一个登记簿来登记"用车记录"，其登记的内容有用车原因、时间、路线、行驶里程数、开车人签名等。另一种方法是简算法。如果公司不愿或不能完整提供"用车记录"，就采用该种方法，即按原汽车含增值税的出厂价格的1%，作为使用人每月增加的工资；个人上下班使用公司汽车，按从家到公司的单程公里数乘以原汽车含增值税的出厂价格的0.03%，作为使

---

① 汤贡亮，杨志清. 中国税制新论［M］. 北京：航空工业出版社，1994：140.

用人每月增加的工资。

对于公司赠送给雇员的实物或本公司产品，德国税法规定应按该产品的当地售价乘以 96% 减去 1 224 欧元作为雇员增加的工资，每年只能减去 1 224 欧元一次，不能多次使用。诸如此类的事情在德国税法中都有详细的规定。

人们普遍认为对附加福利应当征税，其理由如下：

第一，对附加福利不征税，公司就会大量提供实物福利，减少员工的货币收入，以达到减轻雇员税收负担的目的，这将侵蚀个人所得税税基。个人所得税税基受到侵蚀将减少个人所得税收入，为保证财政支出的需要，必须提高商品劳务税的税率以保证总税收收入，这样会使商品和劳务的税前和税后价格差异更大，即税收超额负担更大。

第二，对附加福利若不征税，税收公平原则会受到损害。对附加福利的税收优惠将造成纳税人群体之间税收负担的不公平。如总收入相同的纳税人，由于享有的附加福利多寡的不同而纳税不同，享有附加福利多的人纳税少，没有附加福利的人纳税多，这是一种横向不公平。一般情况是，高收入者较低收入者更有可能获得更多的附加福利，如果对附加福利不征税就会减少个人所得税制的累进性，这是纵向不公平。

第三，如果对附加福利不征税，会对经济产生扭曲作用，降低社会福利水平。一般来讲，附加福利的效用比现金补偿方式小，不对附加福利征税会助长实物福利大量发放，会造成社会资源的严重浪费。

综上所述，为了防范个人所得税税基的侵蚀，公平税收负担，提高经济效率和社会福利水平，都应对附加福利征收个人所得税。

由于对附加福利征税比较复杂，因此对附加福利的发放该如何认定、对附加福利的价值该如何确定等要在税法中明确。如果将附加福利同个人的所得合并纳税，管理成本和纳税遵从的成本都比较高。从降低征纳成本的角度考虑，对附加福利应向雇主征税。首先，对雇主征税，纳税人数量少，征收管理更简便。其次，对雇主的征税，并不影响其个人所得税的性质。因为从税负转嫁理论看，如果对雇主发放的附加福利征税，雇主就会减少附加福利支出作为所纳税款的补偿，这类似于附加福利被雇主代扣代缴了个人所得税。最后，对雇主征税，附加福利的价值——计税依据更加容易确定。因为作为附加福利的货物无非有两个来源：一是外购，二是自产。外购的可以按购进发票上的价格作为计税依据，自产的可以按出厂价格作为计税依据。

由于附加福利的效用比现金补偿方式小，会造成社会资源的浪费，所以，在确定对附加福利征税的税率时，应该使附加福利的税负水平不低于货币所得的税负水平。这样将引导雇主减少附加福利发放，减轻对经济的扭曲，使社会资源效用最大化。

根据其他国家的经验，我们可以把我国对附加福利征税的税率定得与我国的个人所得税的最高边际税率相同，即35%的比例税率。

五、应税所得必须是净所得

纳税人在取得各种所得的过程中，总要投入和支出一些活劳动和物化劳动。只有这些活劳动和物化劳动的投入和支出得到补偿，才能维持社会的简单再生产，因此，只能对已合理扣减这些活劳动和物化劳动的投入和支出后的所得征收所得税，即只能对纳税人的净所得征税。

从各国所得税法的规定看，各国基本上都是对纳税人的净所得征税。虽然对利息、股息和特许权使用费这些投资所得，大多数国家都是按毛收入金额用比个人所得税最高边际税率低的比例税率，由支付者代扣代缴所得税的方式征收，但并不能说，对这类所得不是按净所得征税。这类所得的取得者比较分散，且可能分散在其他国家，支付者都有固定的营业场所，所以不便于对取得者分别征税，由支付者代扣代缴所得税的征纳成本比较低。这种按毛收入金额用比例税率计算税额，由支付者代扣代缴的方式征收的所得税，被称为预提所得税，并不一定是纳税人就这类所得负担的最终税负，通常这类所得还要与纳税人的其他所得合并申报纳税，其最终税负还取决于纳税人总所得的高低。

第三节　个人所得税课税所得范围的国际比较

课税所得范围是指应纳入税基的所得种类。税基的大小是衡量纳税人负担能力的最基本要素，所以个人所得税课税所得范围的大小与个人所得税的公平性具有非常直接的关系。本节通过对各国个人所得税征税范围的比较，总结通常被征税、免税的所得类别，得出相应结论。

一、个人所得税征税范围的确定因素

各国在个人所得税征税范围的确定上通常考虑两个因素：

（一）时间范围

时间范围是指对纳税人多长时间内的应税所得计算应纳税额。例如，是以年所得、季度所得还是月所得计税，这与个人所得税的税制模式紧密相关。因为综合征税要将所得汇总计税，所以采用综合所得税制的国家以及采用混合所得税制的国家确定的时间范围都是年，综合征税的所得按年度计算应纳税所得额，再计算应纳税额，要求纳税人按年度申报纳税。采用综合所得税制的国家中只有立陶宛、玻利维亚、哥斯达黎加和多米尼加例外：立陶宛、玻利维亚按月计税；哥斯达黎加对雇员工薪按月计税，对自营业者按年计税；多米尼加只对实物报酬所得按月计税。

采用分类所得税制的国家和地区，如越南、柬埔寨、老挝、罗马尼亚等主要按月确定所得，要求纳税人按月申报。但埃及、波兰、中国香港、中国澳门按年计税。

采用混合所得税制的国家，如保加利亚和阿塞拜疆对工资薪金所得按月计税，对其他所得按年度计算应纳税额。喀麦隆、日本按年度计税。

从税收负担公平的视角看，用来衡量负担能力的所得取得的时间，规定得长一些要比短一些更合理和公平。因此，按年计税比按月计税更合理、更公平。如果按年计税，如何确定纳税年度？是采用日历年度作为纳税年度，还是采用其他连续 12 个月作为纳税年度？大多数国家的个人所得税采用日历年度为纳税年度，部分国家采用其他连续 12 个月作为纳税年度。

（二）所得来源地

这是指应税所得的来源范围，是只对来源于境内的所得征税，还是对来源于境内和境外的所得都征税。如前所述，在实行居民税收管辖权的国家，居民和非居民纳税人的纳税义务有无限和有限之分。相应地，对居民纳税人要就其来源于境内和境外的全部所得征税，对非居民纳税人则只就其境内取得的所得征税。

此外，从理论上看，在确定税基时还应考虑所得的合法性、对实物所得和推定所得是否应课税、课税的估价等问题。

二、个人所得税征税范围的比较

个人所得税有综合所得税制、分类所得税制和混合所得制之分。一般来讲，采用分类所得税制和混合所得税制需要严格区分所得类型，采用综合所得税制不太需要严格区分所得类型。但采用综合所得税制的国家对应税所得的界定十分重视，力求应税所得的概念既准确又宽泛。采用综合所得税制的国家一般使用"总所得"或"毛所得"的概念①，通常规定，总所得由各种应税所得

---

① 主要是翻译上的差异，英文为"Gross Income"。

项目加总而成。

各国在个人所得税征税范围的具体规定上，有较大的差别。大多数国家在税法中详细列举应税所得项目，即采取"正列举"的方法规定征税范围，未列举的一般不征税。极少数国家采用"反列举"的方法，在税法中列举免予征税的所得项目，不属于免税项目的所得都属于征税范围的所得。

国际上目前对各国个人所得税进行统计时，通常将所得分为五类：工资薪金所得、经营所得、投资所得、资本利得和其他所得。本书按照这一分类进行比较。

1. 工资薪金所得

工资薪金所得是指因受雇而取得的各种名目的收入，包括工资薪金、各种奖金、各种津贴、退休金等，各国的规定大体上相同，其中"附加福利"比较特殊。基本上，各国都征税的附加福利包括：①各类生活补贴；②公司提供的汽车、住房等推定所得项目；③除社会保障税外，雇主代为负担的税款；④由雇主报销的与其经营目的不相关的旅行费、娱乐费等费用。

各国基本上给予免税的附加福利有：①雇主为雇员缴纳的社会保障税、费；②不超过一定限额的由雇主缴纳的各类保险费；③符合规定的搬迁费用；④工作中实际交通费的报销；⑤雇主提供的特种工作服、负担的（职业）会费；⑥小额福利。

2. 经营所得

经营所得是指个人从事各种经营活动取得的所得。经营活动包括工商业经营、农业生产经营、各类专业服务等。各国对这一类所得征税的规定差别不大。从各国的税法资料看，多数国家将从事农业生产取得的所得归类为经营所得进行征税。我国的个人所得税还未对从事农业生产经营取得的所得征税。

3. 投资所得

投资所得包括利息、股息、租金、保险收入和特许权使用费等，是个人对资金、资产的运用而取得的所得。大多数国家将其列入征税范围，少数国家为了鼓励储蓄对利息免税，或者为了消除对股息的双重征税对股息免税，这类国家多是公认的"避税地"。

对国债利息和国家银行的存款利息免税的国家和地区有：阿尔巴尼亚、阿根廷、克罗地亚、中国、多米尼加、保加利亚、爱沙尼亚、中国香港、芬兰、肯尼亚（国家邮政储蓄银行和纳税存款账户）、列支敦士登（含特许权使用费和租金所得）、拉脱维亚、中国澳门、马拉维、罗马尼亚、波兰和委内瑞拉。

对股息免税的国家和地区有：爱沙尼亚（适用于居民股东持有居民公司

的股份)、哥伦比亚、阿尔巴尼亚、克罗地亚、希腊、斐济(居民持有特定股票适用)、中国澳门(对本地公司股息征收一项附加税)、中国香港、列支敦士登、马拉维、新喀里多尼亚(本国公司)、纳米比亚、秘鲁、南非(居民适用)、委内瑞拉。

此外,极少数国家在对利息课税时考虑通货膨胀因素。例如智利和哥伦比亚只对"实际利息"课税。

4. 资本利得

资本利得是纳税人将自己的资本品转让时取得的所得,是一项比较特殊的所得。将资本利得列进征税范围能更好地衡量纳税人的负担能力,所以,从公平原则出发,征收所得税的国家大多将资本利得列进征税范围,只有少数发展中国家对资本利得免予征税。

对资本利得征税的国家和地区有:丹麦、多米尼加、埃及(对不动产、证券征税)、澳大利亚、奥地利(对"投机性"交易、公司股份交易的资本利得征税;对非经营活动的资本利得免税)、比利时(土地和建筑物出售、股票期权在给予时课税①)、博茨瓦纳(对不动产和在市场交易的证券征税)、巴西(某些交易在某些情况下免税)、保加利亚(对不动产、动产征税,有专门的免税规定)、喀麦隆(对财产和公司股份征税)、加拿大、智利(将资本利得视同普通所得课税)、中国、哥伦比亚、刚果(对建筑物、股票征税)、塞浦路斯(不动产免税,公司股份征税)、捷克(对持有 6 个月以上的证券、持有 12 个月以上的汽车和其他动产、持有 5 年以上的不动产免税)、爱沙尼亚(视同普通所得)、芬兰、法国(对不动产、证券征税,但基本住宅出售免税)、德国(长期资本利得:土地和建筑物为 10 年,证券和其他资产为 12 个月免税)、加纳、希腊(对未在国内交易所挂牌的国内公司股份征税)、危地马拉(对外国来源的免税)、匈牙利(对不动产、证券、某些高价资产征税)、印度、印度尼西亚、伊朗、爱尔兰(一定限额内的免税)、以色列、意大利(持有 5 年以上的个人住宅出售免税)、日本(持有 5 年以上的净长期资本利得减半征税)、哈萨克斯坦(视同常规所得课税)、韩国(某些农业用地和不动产免税)、列支敦士登(已征收不动产利润税的除外)、立陶宛(对证券征税)、卢森堡、马拉维、马来西亚(只对不动产征税)、马耳他(对不动产、股票、商誉、版权、专利、商标征税)、墨西哥(纳税人出售持有 2 年的基本住宅免税)、摩洛哥(只对股票征税)、荷兰(只对特定资本利得征税)、新西兰、尼

---

① 从 1999 年 1 月 1 日起实行。

日利亚、挪威、巴拿马（对不动产和某些证券征税）、菲律宾、波兰（只对不动产征税）、葡萄牙、波多黎各、俄罗斯（视同普通所得征税）、塞内加尔（视同普通所得征税）、新加坡（税务机关对资本交易核定征收）、斯洛伐克（持有 12 个月以上的证券、汽车和其他动产，以及持有 5 年以上的不动产免税）、斯洛文尼亚（对不动产和证券征税）、西班牙、斯里兰卡、瑞典、中国台湾（有 3 项例外）、泰国、特立尼达和多巴哥（只对持有期少于 12 个月的资产处置征税）、土耳其、乌克兰（有 4 项免税规定）、英国、美国、乌兹别克斯坦、委内瑞拉（视同普通所得课税）、津巴布韦。

征收所得税但对资本利得不征税的国家和地区有：阿尔巴尼亚、毛里求斯、纳米比亚、新喀里多尼亚、秘鲁、罗马尼亚、南非、坦桑尼亚、赞比亚、阿根廷、巴巴多斯、哥斯达黎加（对出售不动产总收入征 3% 的税）、克罗地亚（金融资产处置的资本利得免税）、斐济（1994 年颁布税法，但无限期推迟实施）、玻利维亚、老挝、科特迪瓦（只对少量特定股票征税）、牙买加（对不动产和股票出售总收入征税）、肯尼亚（1985 年颁布税法，但推迟实施）、中国香港、中国澳门、莫桑比克（征收附加税）、瑞士（州政府征税）。

5. 其他所得

其他所得是指除了前四类所得之外的所得，如社会保障收入、奖金和奖品、礼品、赡养费、博彩收入等所得。大多数国家的税法规定对奖金、奖品、礼品和博彩收入征税，但对一些特殊的奖金和奖品免税；为了保证相关个人的基本生活需要，大多数国家对于社会保障收入和赡养费不予课税。

第四节　我国个人所得税征税范围的确定

本书设计的个人所得税为交叉型分类综合所得税制，在这种所得税制下，其征税范围是十分广泛的。应税所得包括纳税人在纳税年度内取得的各种所得，既包括经常性所得又包括偶然性所得，不仅包括合法收入还包括未被明确确认为合法收入的其他收入，不论是劳动收入还是非劳动收入，都一视同仁地课税。试列举如下：工资薪金所得、劳务报酬所得、特许权使用费所得、稿酬所得、经营（或营利）所得、财产转让所得、财产租赁所得、利息、股息、红利所得和其他所得等。

有学者主张"取消对储蓄存款利息征收个人所得税"①。

我认为在实行交叉型分类综合所得税制的情况下，这是没有多大必要的。因为"取消对储蓄存款利息征收个人所得税"的主要理由是为了避免对低收入者的存款利息征税。在实行交叉型分类综合所得税制的情况下，没有达到纳税标准的纳税人可以通过年终的纳税申报，获得已纳所得税的退税。最终低收入者的利息所得并没有负担税款，而高收入者的利息所得与其他所得都一样地增加了其纳税能力，因此，也应该同样地纳税。

现行的《中华人民共和国个人所得税法实施条例》规定，个人转让有价证券、股权、合伙企业中的财产份额、不动产、机器设备、车船以及其他财产取得的所得都是财产转让所得，从转让财产的收入额中扣减财产原值和合理费用计算应纳税所得额，再计算应纳税额。大家试想一下，纳税人拥有的消费性物品，如车船、家用电器、高档衣服、高档手表、手机、计算机等，算不算个人财产？这些消费性物品的再转让很难有增值的情况，按照上述规定计算出的应纳税所得额通常是负数，在现行并立型分类综合所得税制（以前的分类所得制）、按次纳税的情况下，就不用缴税，问题不大。但如果是在实行交叉型分类综合所得税制的情况下，这些负的所得项目，能不能充抵其他所得项目，如其他财产转让所得或工资薪金所得。如果允许充抵，则存在很大漏洞，给纳税人以很大的税收筹划空间，造成很大的不公平。因此，建议税法中对财产转让所得的转让财产的界定应将转让车船、家用电器、高档衣服、手表等消费性物品排除在外，不给纳税人税收筹划的空间，保证税收的公平性。

---

① 孙亚.贯彻科学发展观 建设和谐社会的税收政策取向 [J].税务研究，2006（3）：31-35.

第六章 我国个人所得税生计费用的扣除

第一节 个人所得税费用扣除的国际比较

个人所得税的征税对象是纳税人的纯所得，所以在征税时应该首先从纳税人的总收入中扣除为取得该收入发生的各种必要费用和支出，此外还应该扣除纳税人及其家庭成员的生计费用，这样才能真实地反映纳税人的税收负担能力。本书将这类项目统称为扣除项目，通过比较总结出各国在扣除项目上的共同做法。

一、费用扣除的项目类别

个人所得税的费用扣除项目内容繁杂。实行不同所得税制模式的国家在扣除项目上有很大的差异。实行分类所得税制的国家一般只能按所得类别分别设置扣除标准和方法，这样一来，仅从扣除项目来看，应税所得就很难全面、准确地衡量纳税人的负担能力，所以从公平的角度看，分类所得税制不是理想的税制模式。由于实行分类制的国家数量较少，且笔者主张的个人所得税纵深改革方案是交叉型分类综合所得税制，偏向于综合所得税制，所以主要介绍实行综合所得税制的国家的有关情况。

从理论上说，所得税的税基应该是净所得而不是毛所得，换言之，应该是从毛所得中减掉在取得所得的过程中支付的各种费用、人们的生计费用之后的余额，即税法上所称的应纳税所得额。

费用扣除是在计算应纳税所得额时从收入总额中减掉的部分，是为了弥补纳税人为了取得收入而支出的成本或者为了解决纳税人及其家人基本的生活需要等，体现着个人所得税对纳税人纯所得征税的特点。可扣除的费用一般包括三部分：成本费用、生计费用和特许扣除。

（一）成本费用

成本费用是指纳税人为取得收入所必须支付的成本费用，如纳税人从事经营活动购买的原材料、零部件的支出，厂房、机器设备的折旧，支付的人工成本、水电费等；纳税人从事专业劳务活动必须使用的专业工具、器具的开支等，都是工作成本，应该被弥补，相应的收入数额不应当被征税。对于账证保存完好的纳税人，成本费用一般采用据实扣除的方法，对于无法或难以提供成本费用开支凭证的，一般采用按收入的一定比例扣除的方法。

（二）生计费用

生计费用是维持纳税人及其家庭生活及健康所必需的费用支出，是保证劳动力再生产的费用。生计费用扣除，一般被称为"个人宽免"。从税收学理论上说，生计扣除能起到以下三个方面的作用：①免予对最低收入者征税，纳税人的纯所得如果低于生计扣除标准，就不需要缴纳税款；②提高个人所得税的累进性；③设计生计扣除标准时，考虑纳税人赡养人口的多少，能适应不同家庭的实际情况，使税收负担更公平合理。

对于生计费用扣除，各国普遍考虑的因素有纳税人的配偶、父母、子女等，部分国家对残疾人有特殊待遇，所以生计费用扣除的规定比较复杂。通常的做法是，先规定纳税人本人的基本宽免，然后针对纳税人的配偶、父母、子女等分别规定各种补充宽免。有些国家对有残疾纳税人或有残疾被抚养者增加宽免额。在扣除额的确定上，个人宽免比较多的国家采用定额扣除的方式，少数国家如泰国等采用比率扣除；尼日利亚等少数国家采用定额与比率扣除相结合的形式；西班牙的纳税人个人免税额根据纳税人年龄的不同分别为：65岁以下的为5 151欧元[①]，65岁至75岁的为6 069欧元；75岁以上的为7 191欧元；而其第一个小孩的免税额为1 836欧元，第二个小孩为2 040欧元，第三个小孩为3 672欧元，第四个及以后的小孩每人为4 182欧元，此外每个三岁以下的儿童还有1 200欧元的照顾津贴扣除[②]；匈牙利个人所得税采用家庭扣除方式，规定家庭有一个受赡养者扣除66 670福林[③]，有两个受赡养者扣除83 330福林，有三个或更多的受赡养者扣除220 000福林；自2016年1月1日

---

① 1欧元=7.607 5元人民币，全书同。

② 参见：Taxation in Spain，https://en.wikipedia.org/wiki/Taxation_in_Spain

③ 1匈牙利福林=0.021 75元人民币，全书同。

起，第一次结婚的配偶另有 33 335 福林的扣除；① 加拿大、意大利等极少数国家是以税收抵免的形式给予个人宽免。西班牙规定的生计扣除标准对高龄老人更加照顾，并具有鼓励生育的作用。

为了避免通货膨胀引起纳税人税收负担的额外增加，很多国家对个人宽免额进行定期的指数化调整。如美国的个人免征额 2015 年为 4 000 美元，2016 年指数化调整为 4 050 美元。② 但这些只是针对居民纳税人而言的，对于非居民纳税人，通常规定无权享受个人宽免。

不同国家的基本宽免额与人均国民生产总值的比率相去甚远。低收入国家的这一比率多在 50% 以上；中等收入国家的这一比率多在 30% 以上；高收入国家这一比率一般不超过 30%。这说明高收入国家的纳税人负担能力普遍较强。基本宽免额与人均国民生产总值的比率与一国纳税人口占总人口的比率一般来说呈反比关系。前一比率越高，纳税人口占总人口的比率就越小，也就是说，个人所得税在低收入国家普遍没有成为普从型税种。

（三）特许扣除

特许扣除扣除的是纳税人因特殊需要的必需支出或为了实现特定社会目标而鼓励的支出。各国对特许扣除的规定各不相同，但一般都包括教育费用支出、医疗费用支出、慈善捐款、人寿保险、灾害损失及其他杂项等。

相应地，在各国税法中，扣除项目主要有三类：成本费用、个人宽免和非经营费用。少数国家如美国，还允许对经营亏损进行弥补，所以在这些国家，扣除项目还包括经营亏损。

如韩国个人所得税法对于综合所得，除了成本费用的正常扣除外，还有综合扣除和分项扣除。综合扣除有四种：基本扣除、小家庭扣除、附加扣除和特别扣除。基本扣除规定：有综合所得的居民按家庭人口每人每年扣除 100 万韩元。纳税人的家庭人口包括：①居民纳税人本人；②无收入或除利息、股息和不动产收入之外的年收入不足 100 万韩元的配偶；③和纳税人一起生活的亲属，如纳税人及配偶的大于 60 岁（女性 55 岁）的直系长辈、直系晚辈、不满 20 岁或大于 60 岁的兄弟姐妹，等等。小家庭扣除：对只有纳税人一人的家庭，再扣除 100 万韩元，对 2 人家庭，再扣除 50 万韩元。附加扣除是在基本扣除的基础上，对残疾人、年龄不低于 65 岁的老人以及有未满 6 岁孩子的女工或者单身男工，再按照每人每年 50 万韩元追加扣除。特别扣除是对工薪所

---

① 参见 PERSONAL INCOME TAX CHANGES IN HUNGARY. http://www.tmf-group.com/en/media-centre/news-and-insights/january-2016/pit-changes-hungary? sc_trk=relatedContent

② 参见 https://en.wikipedia.org/wiki/Personal_exemption_(United_States)

得者的某些支出项目给予有限额的扣除，这些支出项目有：医疗费、保险费、住房贷款利息、教育支出、捐赠支出等。

分项扣除有两种：一是工薪所得扣除，纳税人的工薪收入越多，可以扣除的所得比例越小，即其扣除率有累退性；二是退休所得扣除，按纳税人就业年限的不同规定不同的退休所得的年扣除额。

二、生计费用扣除方式

生计费用扣除主要有三种方式。

（1）综合扣除，也称为固定扣除或标准扣除，即不管每一生计项目实际发生额是多少，从纳税人总的纯所得中一次性地扣除一个综合扣除额，或根据固定的扣除率计算出相应的扣除额。这种扣除方式的优点是纳税人不需要保存有关的各生计项目的费用支出凭证，比较简便易行。

（2）分项扣除，是指对纳税人及其家庭的生计项目按实际发生额分别进行扣除。这种扣除方式能准确、全面地扣除纳税人的各项生计费用，但是对税收征管水平要求比较高。一般要求纳税人必须保存各项生计费用的支出凭证，如发票、转账凭证等，有些国家还要求纳税人进行必要的账务处理。

（3）混合扣除，是指将前两种扣除方式结合运用的扣除制度。其具体又分两种形式：一是部分项目采用固定扣除方式，部分项目采用分项扣除方式；二是税法既允许采用综合扣除又允许分项扣除，由纳税人自行选择扣除方式。第二种混合扣除方式对纳税人比较有利，可以选择扣除额多的扣除方式。

在个人所得税征管过程中，综合扣除简单明了，容易计算。所以，被大多数个人所得税制度不太完善的发展中国家采用。但是采用综合扣除方式，科学合理地确定综合扣除额比较困难，综合扣除额的确定无法考虑不同纳税人的具体情况，只能根据社会平均水平加以确定。分项扣除适应性比较强，可以考虑纳税人的各种具体情况，而且在采用分项扣除的时候税法还可以根据生计项目的不同情况选择据实扣除或者限额扣除，能够较好地体现税收量能负担的原则。分项扣除的缺点是计算复杂，既需要纳税人做好各项支出的记录及凭证的保管，又需要税务机关有较高的鉴别能力和征管水平。混合扣除集中了综合扣除和分项扣除两者的优点，同时也具有两者的缺点。

三、综合扣除的具体方法

综合扣除费用扣除的方法也有三种：

（1）定额扣除法。这种方法是不管纳税人的所得和生计费用的实际情况，都按税法规定的固定数额进行扣除。

（2）定率扣除法。这种方法也是既不论纳税人实际所得多少，也不论纳税人的各项生计费用实际发生多少，均按税法规定的一定比率计算允许扣除的数额。

（3）定额和定率相结合的扣除法。这是将前两种方法结合所形成的扣除方法，对部分所得项目或生计项目采用定额扣除法，对另一些所得项目或生计项目采用定率扣除法。此外，还有一种结合扣除的方法是，纳税人的所得不超过规定数额标准时采用定额扣除法，如果纳税人的所得超过该规定数额标准时采用定率扣除法。例如我国对稿酬所得、劳务报酬所得等四项所得就有类似规定，扣除标准是每次收入不超过 4 000 元的，定额扣除 800 元；每次收入超过 4 000元的，定率扣除 20%。

第二节　个人所得税生计扣除的设计

我国学术界对个人所得税生计扣除设计的探讨已有很长时间，也很广泛，仁者见仁，智者见智。汤贡亮、陈守中（2005）建议对住房贷款利息和纳税人的继续教育费用进行扣除；贾康、梁季（2010）认为量能负担标准要求个税扣除的个性化，生计扣除应与纳税人的家庭负担和生活处境相符合；石坚（2010）提出个人所得税的费用扣除应包括三种：基本扣除、附加扣除和特殊扣除，费用扣除覆盖范围应与国际通行的扣除范围基本一致；陈建东等（2012）建议生计扣除标准的设计应考虑消费价格指数、家庭赡养人口比重、不同地区的收入水平和生活成本、各地区的人口状况及城镇居民的收入状况等影响因素；雷根强、郭玥（2016）运用中国家庭追踪调查数据，对在劳动所得中引入包括基础扣除、子女抚养扣除、老人赡养扣除、住房贷款利息扣除和租金扣除的差别费用扣除进行个人所得税的政策效果模拟分析，其根据差别费用扣除方案计算的不平等指标普遍低于按现行税制计算的不平等指标，亦即差别费用扣除方法与现行费用扣除方法相比，差别费用扣除方法更有利于增进税收公平、实现居民收入分配的均等化[①]。

许多学者对个人所得税的生计费用扣除问题进行了非常详细的研究，给出

---

① 雷根强，郭玥. 差别费用扣除与个人所得税制改革：基于微观数据的评估 [J]. 财政研究，2016（6）：28-41.

的费用扣除标准、方法的建议各有其道理和特色，但存在的问题是其研究背景要么是针对工资薪金所得，要么是在并立型分类综合所得税制模式的假设下，与笔者提出的交叉型综合所得税制模式有一定的差距。另外，这些研究多忽视了信息搜集和征管成本等问题。从目前税务机关的征管水平看，在个人所得税中引入较多的差异化扣除是不现实的。

一、我国对个人所得税的生计扣除应以综合扣除方式为主

从上一节的论述中，我们可以看出分项扣除方式有其独特的优点，它使应纳税所得能很好地代表纳税人的真实负担能力，如果税务机关的征管水平足够高，从税收公平的角度看，分项扣除方式是最佳的选择。但是，目前我国的征管水平不是很高，税务机关无法做到对纳税人每项支出的真实性进行鉴别。另外，分项扣除方式也要求纳税人建立收入与支出的账簿档案，对随时发生的各项收入和支出进行及时记账，并保存相关凭证，在进行纳税申报的时候，纳税人要对各种扣除项目一一计算、填报，这要求纳税人有一定的文化素质和很好的耐心，增加了纳税的奉行成本。

目前，我国对增值税专用发票的管理通过金税工程管理到位了，虚开发票的现象减少了很多，但其他发票的管理还不是很到位。公众仍常见到代开发票的街头小广告，而且，又出现了新的动向，代开发票者开始通过手机短信和电子邮件来招揽客户了。在这种情况下，分项扣除容易造成，纳税人为了多扣除费用、减轻税收负担，纷纷虚开发票的现象。税务机关无法一一查证发票的真伪，弄虚作假者占便宜，老实人吃亏，这样就败坏了社会风气。

在征管手段不够先进的情况下，区别对待的政策越细致、审批制度越严格，越容易产生腐败和寻租行为，从而使政策的目的得不到实现。例如，我们把医疗费作为一个据实扣除项目，如果税务机关不能用技术手段实时监控纳税人的医疗费支出状况，那么就需要纳税人在申请医疗费扣除时提供医疗费支出凭证。事实上，因为高收入者比低收入者适用的边际税率更大，高收入者有取得虚假证明和凭证的更大动机和机会。最终导致个人所得税制度、政策看着很公平合理，但因征收管理跟不上、执行不到位，产生事实上的税负不公平。

所以，虽然费用扣除的改革方向应该是考虑家庭结构和家庭负担情况，但是从我国目前的经济发展和征管水平来看，仍不具备彻底实行考虑家庭结构和家庭负担的费用扣除制度。一步到位的费用扣除制度的实施，非常可能带来较大的社会震荡。考虑到征税成本和纳税人的遵从成本，我国对个人所得税生计费用的扣除应以固定费用扣除方式为主，适当考虑某些项目的据实扣除。

二、统一全国的个人所得税生计费用扣除标准

有人认为我国幅员辽阔、地区贫富差异较大，如东部与西部、沿海与内地，收入差距悬殊。既然不同地区富裕程度不同，个人所得税的扣除标准就要反映不同地区的差异，不同地区实行不同的扣除标准，或者中央确定一个统一扣除标准，允许各地区根据自己的平均收入和物价指数确定本地区适用的生计扣除标准。

乍一看，这种观点似乎有些道理，但深入地进行分析，却是错误的。

首先，法律面前人人平等是法制建设的基本原则。如果个人所得税法规定各地的扣除标准可以不同，那么必然是富裕地区的生计扣除标准高，贫困地区的生计扣除标准低。试想，如此规定将会造成：同样的收入水平在富裕地区不需要纳税，在贫困地区却要纳税；或者同样的收入水平在贫困地区纳税多，在富裕地区纳税少。不同地区居民的纳税义务的不同，不利于调节社会贫富差距，而且会使差距更大，人们会更多地涌向富裕地区。故此，个人所得税的生计扣除标准仍要全国统一，不应有地区差异。

其次，虽然不同地区经济发展水平不同、物价有异，但各地的不同收入水平已经反映了市场物价因素。如果再采用不同的生计扣除标准，显然不公平。征收个人所得税的目的除了取得一定的财政收入外，更重要的是调节收入分配、缩小贫富差距，如果允许不同地区自行制定个人所得税的生计扣除标准，既不利于缩小地区之间的贫富差距，也达不到个人所得税调节收入分配的目的。假如，北京市制定的生计扣除标准是每月 15 000 元，四川制定的生计扣除标准是每月 6 000 元，则一个北京人平均每月纯所得是 15 000 元时，仍不需要缴税，而一个四川人平均每月纯所得 7 000 元时，就需要缴不少的税了。纯所得少的要缴税，纯所得多的反而不用缴税，这显然有违税收公平原则。

再次，如果个人所得税生计扣除标准由各地自行制定，必然会加重地区经济发展的不平衡。这是因为如果允许各个地区自行制定个人所得税生计扣除标准，必然会出现收入水平高、经济相对发达的东部沿海地区的生计扣除标准高于收入水平低、经济发展相对落后的中西部地区的情况，资金、劳动力等生产要素会从生计扣除标准定得低的地区流向生计扣除标准定得高的地区。这种资金、劳动力等生产要素的倒流，不利于贫困落后地区的发展，与个人所得税调节收入分配差距、缩小贫富差距的目的相背离。同时，也与我国西部大开发的战略相背离。

最后，个人所得税生计扣除标准如果由各个地区自行制定，各个地区为了

吸引劳动力和资金等生产要素，会相互攀比，制定出一个比一个高的生计扣除标准以及五花八门的免税项目，使个人所得税法的统一性和严肃性受到损害。地区之间个人所得税的恶性竞争，会引起财政降格，引发赤字。

综上所述，为了做到法律面前人人平等，为了坚持税收公平原则，为了使地区之间的经济协调发展，为了维护税法的统一性和严肃性，我国个人所得税生计扣除标准应实行统一标准。大城市的生活成本高，主要是高在住房成本上，如房价高、房租高，为此，可以考虑在税法中统一规定，对家庭购置的唯一住房的贷款利息支出可以从纳税人家庭收入中扣除，从公平角度出发，纳税人租赁住房的租金支出也允许从纳税人家庭收入中扣除。这样大城市的纳税人住房成本高，可扣除的住房借款利息或住房租金金额也大，小城市住房成本低，可扣除的相应项目金额也小，既平衡了大中小城市纳税人的税收负担也维护了税法的统一性和严肃性。

这一思想已在 2019 年实施的个人所得税制度中关于"住房贷款利息或者住房租金"的专项附加扣除规定中有所体现了：发生的首套住房贷款利息支出，在实际发生贷款利息的年度，按照每月 1 000 元的标准定额扣除，扣除期限最长不超过 240 个月。"纳税人在主要工作城市没有自有住房而发生的住房租金支出，可以按照以下标准定额扣除：①直辖市、省会（首府）城市、计划单列市以及国务院确定的其他城市，扣除标准为每月 1 500 元；②除第①项所列城市以外，市辖区户籍人口超过 100 万的城市，扣除标准为每月 1 100 元；市辖区户籍人口不超过 100 万的城市，扣除标准为每月 800 元。"

三、生计扣除标准的确定

个人所得税是一个对纳税人纯所得征税的税种，生计扣除标准是个人所得税制度必须明确规定的一个要素。为了税收征管的简便，我国的个人所得税应该继续坚持不区分生计项目、采用综合定额生计扣除标准。

十九大报告提出"坚持在发展中保障和改善民生"的思想，增进民生福祉是中国社会主义建设事业的根本目的，保证全体人民在共建共享发展中有更多的获得感，全体人民共同富裕，维护社会和谐稳定。据此，我国个人所得税的主要职责应是调节收入分配，主要针对较高收入家庭特别是收入特高的家庭，因此，综合定额生计扣除标准应根据实际收入处于中等偏上收入水平的家庭进行确定，并定期进行指数化调整，使生计扣除标准随着通货膨胀而相应提高，使纳税人的税收负担不因通货膨胀而加重。

根据我国的计划生育政策，个人所得税法应规定家庭申报个人所得税时生计扣除标准的计算原则是：符合计划生育政策的每一个家庭成员均可计算生计扣除标准，不符合计划生育政策超生的子女不计算生计扣除标准。同时个人所得税法应授权国务院或国家税务总局根据通货膨胀的情况以及经济发展水平，定期调整生计扣除标准。

2003 年年底，我国曾对个人所得税的费用扣除标准进行了测算设计，以家庭为纳税申报单位，人均生计扣除标准为每年 10 000 元。

随着全国居民工资收入水平的提高和物价水平的快速上升，2007 年 12 月 29 日第十届全国人大常委会第三十一次会议、2011 年 6 月 30 日第十一届全国人大常委会第二十一次会议，分别通过了个人所得税法修改的有关决定。自 2008 年 3 月 1 日起，工资薪金所得、生产经营所得纳税人的生计扣除标准由每月 1 600 元提高到了 2 000 元，全年是 24 000 元。自 2011 年 9 月 1 日起，工资薪金所得、生产经营所得纳税人的生计扣除标准由每月 2 000 元提高到了 3 500 元，全年是 42 000 元。2011 年我国的计划生育政策主体还是一对夫妇只能生育一个孩子，以双职工夫妇加一个孩子为标准家庭，若该标准家庭只有工资薪金所得，纳税人每月 3 500 元的生计扣除标准，折算为家庭人均年生计扣除标准，则是每年 28 000 元。

因为目前我国的个人所得税实行分类所得税制，其他一些所得也规定有生计扣除标准，所以，有多种所得项目的纳税人当前的生计扣除总额应该不止人均每年 28 000 元。现行的生计扣除标准已经到了该再次提高的时间了，在近两年的两会期间，公众的呼声很高。为了保证在个人所得税进行纵深改革之后，大部分纳税人的税收负担能够得到降低，税法规定的生计扣除标准应高于现行的生计扣除标准。

所以，笔者建议交叉型分类综合所得税制在近期①得以实施的人均年生计扣除标准为 56 000 元。对于有一个孩子的双职工家庭，相当于每个有收入的人每月有 7 000 元的生计扣除额，只比 2011 年修正的税法规定增加了一倍。考虑的因素有以下几点：

（1）交叉型分类综合所得税制的这一生计扣除标准与现行个人所得税制度相比并不算很高。2011 年修正的个人所得税制仅工资薪金一项所得的生计扣除标准已是每月 3 500 元了，其他收入还可以扣除费用，如稿酬所得、劳务报酬所得、财产租赁所得等还有每次收入 800 元或 20% 的费用扣除，对于有多

---

① 此处的近期是指 2018 年实行这种税制。如果以后年度实行，应根据历年的消费价格指数进行适当地调整。

项收入的个人这一标准可能比在原分类所得税制下扣除的费用还低。所以这一标准不会影响财政收入。

这相当于提高了纯工薪阶层的纳税人的生计扣除标准，降低了有多种所得来源的纳税人的生计扣除标准。纯工薪阶层的纳税人多是低收入者，较高收入的纳税人多是有多种所得来源的人。所以，这一政策的改变实际上是给予低收入者更多的优惠，对高收入者通过减少生计扣除标准，加大了对其征税的力度。

（2）人均年生计扣除标准定为 56 000 元，符合我国个人所得税"调节收入分配差距"的功能定位。"调节收入分配差距"应是我国个人所得税的首要功能，同时兼顾"收入功能"。我国的个人所得税在现阶段不能像西方国家的个人所得税成为"大众税"，不应向社会上的低收入者征收，而是应该只对中高收入者征税。

国内曾有一些学者以美国的生计扣除标准只比其规定的贫困线略高一些（2000 年美国三个人的家庭贫困线是 1.41 万美元，而三个人的家庭可以得到的个人所得税的生计扣除标准是 1.64 万美元，生计扣除标准仅是贫困线的 1.16 倍）为依据，认为我国当时工资薪金所得的生计扣除标准 800 元/月远远高于当时的低保标准（2002 年全国平均低保标准为每人每月 190 元，一对夫妻加一个孩子的三口之家的低保标准为 380 元），生计扣除标准是低保标准的 2.1 倍，因而推定我国当时工资薪金所得每月 800 元的生计扣除标准是不低的。

笔者认为，这种类比是不科学的。美国和中国的税制不具有可比性。美国的税收结构是以直接税为主，没有增值税，商品劳务税所占比重很小。美国把个人所得税的生计扣除标准定为贫困线的 1.16 倍，是因为个人所得税是美国的第一大税种，首先是要保证其取得收入的功能，其次才是调节收入分配差距的功能。而且，美国与中国的生活水平也不具有可比性，当年美国的贫困线1.41 万美元，大约相当于人民币 11.7 万元，其贫困线是相对的，在贫困线上的所得可以保证纳税人的基本生活需要。而中国的低保标准 2002 年是每年0.456 万元，所得在贫困线上的家庭只能解决吃饭问题。我国的社会主义建设的目标不是民众的生活达到温饱水平，而是要小康水平，所以，认为我国个人所得税的生计扣除标准是低保标准的 2.1 倍是合理的观点是错误的。我国的税制结构是以商品劳务税为主的，1996—2015 年我国的商品劳务税占各项税收收入的比重在 50.67%~71.46%，最高年份是 1996 年，最低年份是 2014 年①。商品劳务税的税负具有累退性，中低收入者已负担了相当多的商品劳务税了。所以，我国个人所得税的功能定位应是调节收入差距而不是获得财政收入，这就确定了我国个人所得税应该只对中等收入以上的家庭征收。

（3）从城镇居民的家庭基本收支情况来考察是合理的。在国家的现代化建设中，城镇化是大势所趋。我国个人所得税的生计扣除实行综合扣除方式，则生计扣除标准的确定依据应该是城镇居民的平均收入水平，所以，我们还可以用城镇居民的家庭基本收支情况来考察个人所得税的生计扣除标准定为每人每年 56 000 元是否合理。

表 6-1 反映的是 2003—2012 年全国城镇居民家庭收支基本情况②。

表 6-1　2003—2012 年全国城镇居民家庭收支基本情况

项目	年份	全国	按收入等级分						
			最低收入户/10%	低收入户/10%	中等偏下户/20%	中等收入户/20%	中等偏上户/20%	高收入户/10%	最高收入户/10%
平均每人全部年收入/元	2012	26 959	9 209.5	13 724.7	18 374.8	24 531.4	32 758.8	43 471	69 877.3
	2011	23 979.2	7 819.4	11 751.3	15 880.7	21 439.7	29 058.9	39 215.5	64 460.7
	2010	21 033.4	6 703.7	10 247	13 971	18 920.7	25 497.8	34 254.6	56 435.2
	2009	18 858.1	5 950.7	8 956.8	12 345.2	16 858.4	23 050.8	31 171.7	51 349.6
	2008	17 067.8	5 203.8	7 916.5	10 974.6	15 054.7	20 784.2	28 518.9	47 422.4
	2007	14 908.6	4 604.1	6 992.6	9 568	12 978.6	17 684.6	24 106.6	40 019.2
	2006	12 719.2	3 871.4	5 946.1	8 103.7	11 052.1	15 199.7	20 699.6	34 834.4
	2005	11 320.8	3 377.7	5 202.1	7 177.1	9 887	13 596.7	18 687.7	31 237.5
	2004	10 128.51	3 084.83	4 697.62	6 423.89	8 746.65	11 870.79	16 156.02	27 506.23
	2003	9 061.22	2 762.43	4 209.16	5 705.67	7 753.86	10 463.66	14 076.07	23 483.95

---

① 根据国家统计局网站数据计算。
② 根据国家统计局网站公布的数据整理。

表6-1(续)

项目	年份	全国	按收入等级分						
			最低收入户/10%	低收入户/10%	中等偏下户/20%	中等收入户/20%	中等偏上户/20%	高收入户/10%	最高收入户/10%
平均每人可支配收入/元	2012	24 564.7	8 215.1	12 488.6	16 761.4	22 419.1	29 813.7	39 605.2	63 824.2
	2011	21 809.8	6 876.1	10 672	14 498.3	19 544.9	26 420	35 579.2	58 841.9
	2010	19 109.4	5 948.1	9 285.3	12 702.1	17 224	23 188.9	31 044	51 431.6
	2009	17 174.7	5 253.2	8 162.1	11 243.6	15 399.9	21 018	28 386.5	46 826.1
	2008	15 780.8	4 753.6	7 363.3	10 195.6	13 984.2	19 254.1	26 250.1	43 613.8
	2007	13 785.8	4 210.1	6 504.6	8 900.5	12 042.3	16 385.8	22 233.6	36 784.5
	2006	11 759.5	3 568.7	5 540.7	7 554.2	10 269.7	14 049.2	19 069	31 967.3
	2005	10 493	3 134.9	4 885.3	6 710.6	9 190.1	12 603.4	17 202.9	28 773.1
	2004	9 421.61	2 862.39	4 429.05	6 024.10	8 166.54	11 050.89	14 970.91	25 377.17
	2003	8 472.2	2 590.17	3 970.03	5 377.25	7 278.75	9 763.37	13 123.08	21 837.32
平均每人消费性支出/元	2012	16 674.3	7 301.4	9 610.4	12 280.8	15 719.9	19 830.2	25 796.9	37 661.7
	2011	15 160.9	6 431.9	8 509.3	10 872.8	14 028.2	18 160.9	23 906.2	35 183.6
	2010	13 471.5	5 471.8	7 360.2	9 649.2	12 609.4	16 140.4	21 000.4	31 761.6
	2009	12 264.6	4 900.6	6 743.1	8 738.8	11 309.7	14 964.4	19 263.9	29 004.4
	2008	11 242.9	4 532.9	6 195.3	7 993.7	10 344.7	13 316.6	17 888.2	26 982.1
	2007	9 997.5	4 036.3	5 634.2	7 123.7	9 097.4	11 570.4	15 297.7	23 337.3
	2006	8 696.6	3 423	4 765.6	6 108.3	7 905.4	10 218.3	13 169.8	21 061.7
	2005	7 942.9	3 111.5	4 295.4	5 574.3	7 308.1	9 410.8	12 102.5	19 153.7
	2004	7 182.10	2 855.15	3 942.23	5 096.15	6 498.36	8 345.70	10 749.35	16 841.82
	2003	6 510.94	2 562.36	3 549.28	4 557.82	5 848.02	7 547.31	9 627.58	14 515.68

从表 6-1 中可以计算出，2003—2012 年城镇居民中等收入户的人均收入年增长率最低为 11.78%（2006），最高为 17.43%（2007），2011 年和 2012 年分别为 13.31% 和 14.42%。

表 6-2 反映的是 2013—2018 年全国城乡居民人均收支基本情况①。

表 6-2　2013—2018 年全国城乡居民人均收支基本情况

指标	2018 年	2017 年	2016 年	2015 年	2014 年	2013 年
居民人均可支配收入/元	28 228.05	25 973.79	23 820.98	21 966.19	20 167.12	18 310.76
居民人均可支配收入同比增长/%	8.68	9.04	8.44	8.92	10.14	

---

① 数据来源于国家统计局网站，同比增长的数据为笔者所计算。

表6-2（续）

指标	2018 年	2017 年	2016 年	2015 年	2014 年	2013 年
城镇居民人均可支配收入/元	39 250.84	36 396.19	33 616.25	31 194.83	28 843.85	26 467
城镇居民人均可支配收入同比增长/%	7.84	8.27	7.76	8.15	8.98	7.34①
农村居民人均可支配收入/元	14 617.03	13 432.43	12 363.41	11 421.71	10 488.88	9 429.59
农村居民人均可支配收入同比增长/%	8.82	8.65	8.24	8.89	11.23	
居民人均消费支出/元	19 853.14	18 322.15	17 110.74	15 712.41	14 491.40	13 220.42
居民人均消费支出同比增长/%	8.36	7.08	8.90	8.43	9.61	
城镇居民人均消费支出/元	26 112.31	24 444.95	23 078.90	21 392.36	19 968.08	18 487.54
城镇居民人均消费支出同比增长/%	6.82	5.92	7.88	7.13	8.01	
农村居民人均消费支出/元	12 124.27	10 954.53	10 129.78	9 222.59	8 382.57	7 485.16
农村居民人均消费支出同比增长/%	10.68	8.14	9.84	10.02	11.99	

从表 6-2 中可以看出，2013—2018 年我国居民的人均可支配收入都比前一年有所增长。农村居民的人均收入虽然低于城镇居民，但农村居民人均收入的增长率历年来均高于城镇居民。2013—2018 年我国城镇居民人均可支配收入的增长率最高的是 2014 年为 8.98%，其后年度增长率有所下降。

本书的第一稿曾根据表 6-1、表 6-2（当时的数据资料到 2015 年）显示的增长趋势，进行估算，全国城镇家庭 2018 年平均每人全部收入约为 4 万元，中等收入户人均为 4.1 万~4.4 万元，中等偏上收入户为 6.7 万~7.2 万元。现在从表 6-2 来看，原来对全国城镇家庭 2018 年平均每人全部收入的估算还是相当准确的。

刘剑文（2009）曾指出：从承担道义和法律义务的角度来看，个人必须用自己的所得维持其他老、弱、孤、寡、贫、残、疾等人员的基本生活。所以，个人所得税的生计扣除标准作为课税禁区，并不单单是指个人的生活费用，还应该包括其所必须扶养、抚养和赡养的其他家庭成员的生活费用。国家通过对个人所得税征税范围的限制，为个人履行其应负的社会义务创造条件，

---

① 与表 6-1 中的数据结合，计算得出。

保障老、弱、孤、寡、贫、残、疾者的生存条件，这体现着国家对个人生存权的必要尊重与保护①。

把生计扣除标准定为每年每人 56 000 元可以使个人所得税纵深改革实施后的数年内近一半的城镇家庭不须缴纳个人所得税，减少了纳税人的数量，减轻了税务机关年终审核纳税申报表的负担，提高了个人所得税的征管效率。同时，可以使中低收入家庭能得以休养生息，培育我国的中产阶层。一般来说，中产阶层所占比重的大小预示着社会的稳定程度，比重越大，社会就越稳定。培育中产阶层对于构建和谐社会来说是十分必要的。这符合习近平在中国共产党第十九次全国代表大会上的报告《决胜全面建成小康社会夺取新时代中国特色社会主义伟大胜利》中提出的"坚持在发展中保障和改善民生"的思想。

所以，把生计扣除标准定为每年每人 56 000 元是合适的。为了避免通货膨胀加大个人所得税的负担，这一人均年生计扣除标准应随着时间的推移，要根据物价情况和经济形势的变化，进行定期的调整。可以在个人所得税法中关于生计扣除标准的条款中规定"由国家税务总局根据物价指数的变化，对生计扣除标准做出相应的调整"以保证税收政策的前后连贯和稳定。

第三节　个人各种所得的必要费用扣除

一、生产经营所得

生产经营所得，是指个人从事各种生产经营活动取得的纯所得。2014 年12 月国家税务总局局务会议通过并公布了《个体工商户个人所得税计税办法》，可以将该办法中规定的扣除项目及标准、应纳税所得额的计算方法作为新个人所得税法关于生产经营所得的纯所得的计算方法。

自 2006 年，我国在全国范围内废除农业税后，对农业生产就没有再征什么税。现行的个人所得税也没有将其纳入征税范围。由于土地制度的限制，我国目前农业生产还是分散经营，规模比较小，普通农户的生产经营所得也很小。按照本书设计的个人所得税制度，绝大多数农户都达不到生计费用扣除标准，属于免税之列。但是不能因此就将从事农业生产的经营所得排除在个人所得税的应纳税所得额之外。由于农业生产受气候异常变化的影响比较大，农业

---

① 刘剑文. 对个税工资薪金所得费用扣除标准的反思与展望：以人权保障为视角 [J]. 涉外税务，2009（1）：33-37.

生产所得的起伏也比较大，在税法的制定中，对农业生产经营所得的计算应规定特殊条款。在这方面，美国的做法可以供我们借鉴。

美国的联邦个人所得税法规定，从事非农行业经营的个人必须使用权责发生制记账，而从事农业生产的个人有权选择现金收付制记账。由于农场和牧场的收入容易受到气象灾害的影响及难以控制的市场变化的影响，美国联邦政府还对农业实施"所得平均政策"，即农场主和牧场主可选择用前后三年的平均所得计算缴纳个人所得税，这样可以避免由于年度间所得的不均衡而适用较高税率。所得平均政策使农业生产者避免了比所得较为稳定的同等所得的纳税人缴纳更多的税收。此外，农场主和牧场主因为天气干旱等原因而出售牲畜的销售收入可以不计入当年的应税收入，而计入下一年的应税收入，这些政策措施都对农业生产起到了鼓励的作用。

二、其他所得允许扣除的成本费用

在计算纳税人家庭的总应纳税所得额时，下列支出允许从总所得中扣除：

（1）社会基本保障性质的缴款，如目前的五险一金、企业年金等。

（2）纳税人负担的与取得收入有关的律师费和诉讼费。

（3）提供劳务过程中实际发生的各种成本、费用及缴纳的各种税费。

（4）取得特许权所实际发生的成本的摊销①及提供特许权过程中发生的中介费和相关税费；特许权取得的成本在摊销完之后，不再允许继续扣除。

（5）出租财产的修缮费、折旧②和财产出租过程中发生的相关税费；出租财产的折旧②在提取完之后，不再允许继续提取。年折旧额根据财产原值和折旧年限按直线法计算。

（6）财产转让所得允许扣除的费用是指转让财产的净值③和转让财产过程中发生的合理税费。

（7）其他与取得所得直接相关的支出。

三、抚养赡养费用的扣除

如前所述，如果近年（2018年）实施本书所设计的交叉型分类综合型个人所得税制，可以把生计费用扣除标准定为人均每年56 000元。

---

① 摊销年限可规定为10年，或特许权的法定年限可按就短原则确定。

② 出租财产的折旧年限可由税法按类分别统一规定。

③ 不是现行税法中所说的财产原值，而是原值扣除根据已使用年限与规定的折旧率（或折旧年限）计算的折旧额后的余额。

由于按家庭制定人均生计费用扣除标准（免征额）已达每人每年 56 000元，就没有必要再区分老人、儿童和残疾人的额外费用扣除了。这和其他国家的生计费用扣除是不同的，其他许多国家是纳税人本人的扣除标准高，而配偶、老人、儿童、残疾人给予较低的附加费用扣除以照顾纳税人的赡养、扶养负担。本书的制度设计，是以家庭为单位，按人均来规定生计费用扣除标准（免征额），亦即被抚养赡养的人都有与纳税人相同的生计费用扣除额。这样，与其他国家相比，对有被赡养人、被扶养人的家庭已给予了更大的照顾，所以就不再进行细致区分了，可以简化税制、利于征管。

四、关于高等教育学杂费能否扣除的观点

有学者提出应对有子女在接受高等教育的纳税人规定较高生计扣除标准[①]。也有学者提议将纳税人为子女缴纳的高等教育学杂费部分或全部从应纳税所得额中扣除。

笔者认为在个人所得税制纵深改革初期，这一做法不妥。原因之一是：在居民收入结构和税制结构方面，我国与西方国家有很大差别。西方国家居民收入结构呈橄榄形，个人所得税又是最大的税种。西方国家的中产阶级是社会主流，也是个人所得税的纳税主力，允许扣除高等教育学杂费的受益面很广。我国的居民收入结构基本上呈金字塔形，个人所得税占税收收入的比例很小，收入不高的农民、工人和普通职员众多。允许高等教育学杂费扣除的政策并不能使广大的低收入群体得到多少实惠，所得越多的纳税人得到的实惠越多。原因之二是：虽然说有子女正在接受高等教育的家庭当年的消费水平会比较高，但由于我们设计的生计费用扣除标准（免征额）已达每人每年 56 000 元，因此，达到缴纳个人所得税的家庭，是有能力来支付子女的教育费用的，不须再专门予以特别扣除。而低收入群体的收入根本就达不到缴纳个人所得税的标准，不需要缴纳个人所得税，实施"将为子女缴纳的高等教育学杂费全部或部分从应纳税所得额中扣除"的优惠措施对低收入群体解决其子女接受高等教育的经费问题没有作用，那么国家承担的税收损失就毫无意义了。

低收入群体的子女接受高等教育的经费问题可以从其他途径予以解决，个人所得税制度本身并不能很好解决这一问题，税收的调节作用不是万能的。

2019 年开始实施的个人所得税制度中，"纳税人的子女接受全日制学历教育的相关支出，按照每个子女每月 1 000 元的标准定额扣除。"这一规定在当

---

① 赵恒. 个人所得税论 [D]. 大连：东北财经大学，2003.

前的征管水平下和并立型分类综合所得税制中，还是比较恰当的。

当然，个人所得税转型一段时期后，在积累了一些征管经验之后，也可以将定额扣除的生计费用转化为标准定额扣除和据实扣除两部分。这时，可以考虑对住房的贷款利息、房租等据实扣除，对有残疾的纳税人增加扣除额等差别优惠照顾政策。

第七章 我国个人所得税税率的确定[①]

个人所得税税率形式与其课税模式密切相关。实行分类所得税制的国家，一般是比例税率与累进税率同时使用，比例税率适用于较多的所得项目，少部分所得项目适用超额累进税率。一般是按应税所得的性质来确定适用比例税率还是累进税率。实行分类综合所得税制的国家，一般是分类课征的所得采用比例税率，综合课征的所得采用超额累进税率。实行综合所得税制的国家，个人所得税都采用超额累进税率。

第一节 个人所得税税率的国际比较

目前，大多数国家的个人所得税采用超额累进税率，少数国家采用比例税率，也有一些国家同时采用比例税率与超额累进税率。

一、部分西方国家的个人所得税税率

（一）英国的个人所得税税率[②]

英国实行分类综合所得税制，股利所得采用10%～37.5%的三级超额累进税率，储蓄所得和其他所得分别征税，都采用20%～45%的三级超额累进税率，其2016—2017年的个人所得税税率见表7-1。

---

① 本章部分内容已作为阶段性成果在国内期刊上公开发表。
② 参见 https://en.wikipedia.org/wiki/Taxation_in_the_United_Kingdom#cite_note-BBC_News_Article_MT-32.

表 7-1 英国 2016—2017 年度的个人所得税税率表

| 级数 | 税率/% | | | 应纳税所得额 |
	股利所得	储蓄所得	其他所得（含雇佣所得）	
1	10	20	20	不超过 32 000 英镑①的部分
2	32.5	40	40	超过 32 000 英镑不超过 150 000 英镑的部分
3	37.5	45	45	超过 150 000 英镑的部分

英国个人所得税对年所得不超过 100 000 英镑的个人免税额为 11 000 英镑，对年所得超过 100 000 英镑的个人超过的每 2 英镑，个人免税额减少 1 英镑。这相当于纳税人超过 100 000 英镑未超过 122 000 英镑的所得适用的边际税率为 60%。

（二）美国的个人所得税税率

1913 年，个人所得税成为美国的永久性税种，1913—1915 年适用 1%~7% 的 7 级超额累进税率，之后，税率档次由少级次到多级次，又从多级次到少级次，最高边际税率从较低到较高，再逐步降低，再逐步升高，到极高，再逐步降低，再升高。最高边际税率曾高达 94%（1944—1945 年），税率档次最多曾达 36 级（1964 年，户主申报的纳税人）。美国的个人所得税一直采用超额累进税率。

1986 年，美国对个人所得税进行改革，大幅削减税率，将联邦个人所得税的最高边际税率由 50% 降至 28%，而将最低边际税率定为 15%，于 1988 年开始实行，实际上其税率只有两档，即 15% 和 28%。自 1991 起，美国又一次调整个人所得税税率，增加了一档 31% 的税率，即三档税率：15%、28% 和 31%。自 1993 年起，再增添 36% 和 39% 两级税率。2001 年，美国微调了个人所得税的五级累进税率，各级税率分别是：15%、27.5%、30.5%、35.5% 和 39.1%②。自 2003 年起美国的个人所得税税率降为 10%、15%、25%、28%、33% 和 35%③，这一税率结构一直持续到 2012 年。2013 起，美国个人所得税税率又增加了一档 39.6% 的税率，直到 2017 年。从上述美国个人所得税税率的变化看，大趋势是降低的，其中有反复，20 世纪 80 年代后期最高边际税率

① 1 英镑=8.891 2 元人民币，全书同。

② 金波. 环球税讯 [J]. 涉外税务，2002（1）：75-76.

③ 环球税讯 [J]. 涉外税务，2003（2）：79-80.

降到了最低，90 年代后又逐渐有所提高，2013—2017 年最高边际税率为 39.6%。

特朗普政府于 2017 年出台了《减税和就业法案（TCJA）》，于 2018 年开始将税率下调，最高边际税率变为 37%，另外其第 2、3、4、5 级的税率也分别下调了 3、3、4、1 个百分点。2018 年和 2019 年美国的个人所得税税率表结构完全相同，只是级距的临界点不同而已，这是美国根据通货膨胀情况实行税率表指数化调整的结果。美国 2019 年的个人所得税税率见表 7-2①。

表 7-2　2019 年美国个人所得税税率表

税率 /%	应纳税所得额/美元②							
	未婚单身个人		已婚合并申报（含丧偶者）		已婚分别申报		户主申报	
	超过	但不超过	超过	但不超过	超过	但不超过	超过	但不超过
10	0	9 700	0	19 400	0	9 700	0	13 850
12	9 700	39 475	19 400	78 950	9 700	39 475	13 850	52 850
22	39 475	84 200	78 950	168 400	39 475	84 200	52 850	84 200
24	84 200	160 725	168 400	321 450	84 200	160 725	84 200	160 700
32	160 725	204 100	321 450	408 200	160 725	204 100	160 700	204 100
35	204 100	510 300	408 200	612 350	204 100	306 175	204 100	510 300
37	510 300		612 350		306 175		510 300	

从表 7-2 可以看出，未婚单身个人适用的税率级距在第一级和第二级时与已婚夫妻分别申报适用的税率级距相同；在第三级和第四级时，其上限均高于已婚夫妻分别申报适用的税率级距上限，均低于已婚夫妻联合申报适用的税率级距上限；在第五级时，其上限与已婚夫妻合并申报适用的税率级距上限相同；在第六级时，其上限又高于已婚夫妻分别申报适用的税率级距上限，又低于已婚夫妻联合申报适用的税率级距上限。已婚夫妻分别申报适用的税率级距是合并申报适用税率级距的一半，体现了对分别申报与合并申报的公平对待，允许纳税人自行选择，当然从计税原理来看，夫妻合并申报纳税比分别申报纳税更有利。户主适用的税率级距在第一级至第四级时，其税率级距上限比未婚单身个人申报适用的税率级距上限高；第五级的级距上限等于未婚单身个人申报、已婚夫妻合并申报适用的税率级距上限；第六级的级距上限高于未婚单身

---

①　参见 https://en.wikipedia.org/wiki/Income_tax_in_the_United_States

②　1 美元＝6.481 4 元人民币，全书同。

个人、低于已婚夫妻联合申报适用的税率级距上限。

从表 7-2 还可以看出，在美国，2019 年应纳税所得额超过 612 350 美元的高收入家庭适用的边际税率都相同。如此设计税率，笔者认为主要是考虑到家庭的规模效益问题，单身家庭、单亲家庭相对来说，单位必需的生活成本会相对地要高一些，所以在前几级级距相对地要宽一些，相应地降低了单身家庭和单亲家庭的税收负担，较好地坚持了负担能力原则。但这样的税制对婚姻起到一个惩罚的作用，结婚的人们要比同居而不结婚的人们税收负担重。

（三）日本的个人所得税税率

日本的个人所得税税率近些年也经过了从少级次到多级次的调整，2006年个人所得税税率为 10%、20%、30% 和 37% 的 4 级超额累进税率；2007 年个人所得税税率增加了两个级次，为 5%、10%、20%、23%、33% 和 40% 的 6 级超额累进税率；自 2015 年起，日本的个人所得税税率又增加了一个 45% 的级次，成了 5% 至 45% 的 7 级超额累进税率，见表 7-3①。

表 7-3　日本个人所得税税率表（自 2015 年起）

级数	应纳税所得额/日元②	税率/%
1	不超过 195 万日元的部分	5
2	超过 195 万日元至 330 万日元的部分	10
3	超过 330 万日元至 695 万日元的部分	20
4	超过 695 万日元至 900 万日元的部分	23
5	超过 900 万日元至 1 800 万日元的部分	33
6	超过 1 800 万日元至 4 000 万日元的部分	40
7	超过 4 000 万日元的部分	45

（四）德国的个人所得税税率

德国的个人所得税是按单身申报和已婚联合申报分别制定税率的。根据英文表述的德国个人所得税税率，笔者将德国 2015 年个人所得税税率整理为表 7-4 和表 7-5③。

---

① 参见 http://www.worldwide-tax.com/japan/japan_tax.asp，历年追踪该网站得到的资料。

② 1 日元 = 0.059 08 元人民币，全书同。

③ 参见 https://en.wikipedia.org/wiki/Taxation_in_Germany

表 7-4　2015 年德国个人所得税税率表（适用于单身纳税人）

级数	年应纳税所得额	税率/%
1	不超过 8 354 欧元的部分	0
2	超过 8 354 欧元至 13 469 欧元的部分	14~24
3	超过 13 469 欧元至 52 881 欧元部分	24~42
4	超过 52 881 欧元至 250 730 欧元部分	42
5	超过 250 730 欧元的部分	45

表 7-5　2015 年德国个人所得税税率表（适用于已婚纳税人）

级数	年应纳税所得额	税率/%
1	不超过 16 708 欧元的部分	0
2	超过 16 708 欧元至 26 938 欧元的部分	14~24
3	超过 26 938 欧元至 105 762 欧元的部分	24~42
4	超过 105 762 欧元至 501 460 欧元的部分	42
5	超过 501 460 欧元的部分	45

从表 7-4 和表 7-5 可以看出，已婚纳税人的税率级距是单身纳税人的两倍，体现了按家庭征税的特点。

笔者曾证明 2010 年德国个人所得税的税率实际上是 31 级超额累进税率，而不是 5 级超额累进税率，除了适用第一级零税率外，纳税人实际适用的边际税率从最低的 14%，每次增加一个百分点，逐渐地增加到 42%，也即纳税人实际适用的边际税率从 0 跳到 14% 之后，一个百分点一个百分点地增加到 42%，然后从 42% 再跳到 45%，之后就不变了。比较 2015 年和 2010 年德国个人所得税的税率表（见表 7-6、表 7-7），可以发现，其税率表基本相同，唯一不同的地方是在第一二级的临界点数值增加了，也即适用零税率的所得额增加了，单身纳税人增加了 350 欧元，已婚纳税人增加了 700 欧元。所以仍可以说，德国的 2015 年的个人所得税税率实际上不是 5 级超额累进税率，而是 31 级超额累进税率，纳税人实际适用的边际税率从 0 跳到 14% 之后，一个百分点一个百分点地增加到 42%，然后从 42% 再跳到 45%，之后就不变了。这样对中低收入的纳税人来说，税收负担增加得比较缓慢，中低收入者感觉更公平，更容易接受。虽然会有人认为德国的个人所得税的计算太复杂，但在计算机被广泛应用的今天，这种计算复杂性的缺点是很容易克服的，笔者在网上找到了德国个人所得税的计算器，只需要纳税人将自己的应纳税所得额、养育子女的数量等信息输入，应纳税额就自动计算出来了。

表 7-6　2010 年德国适用于单身纳税人的个人所得税税率表

级数	年应纳税所得额	税率/%
1	不超过 8 004 欧元的部分	0
2	超过 8 004 欧元至 13 469 欧元的部分	14~24
3	超过 13 469 欧元至 52 881 欧元部分	24~42
4	超过 52 881 欧元至 250 730 欧元部分	42
5	超过 250 730 欧元的部分	45

表 7-7　2010 年德国个人所得税适用于已婚纳税人的税率表

级数	年应纳税所得额	税率/%
1	不超过 16 008 欧元的部分	0
2	超过 16 008 欧元至 26 938 欧元的部分	14~24
3	超过 26 938 欧元至 105 762 欧元的部分	24~42
4	超过 105 762 欧元至 501 460 欧元的部分	42
5	超过 501 460 欧元的部分	45

（五）法国个人所得税税率

法国的个人所得税是按家庭计算缴纳的，家庭成员的多少影响应纳税额的多少。家庭的应纳税所得先除以家庭人数，计算出人均应纳税额，再乘以家庭人数就是该家庭的应纳税额。人数的确定规则是：每一个成年人算一人，头两个儿童分别算半人，从第三个儿童开始，每个儿童又算一人。法国自 2013 年起个人所得税的税率如表 7-8 所示[①]。

表 7-8　法国个人所得税税率表（自 2013 年起）

级数	应纳税所得额（一份）	税率/%
1	不超过 6 011 欧元的部分	0
2	超过 6 011 欧元至 11 991 欧元的部分	5.5

---

① 参见 https://en.wikipedia.org/wiki/Taxation_in_France

表7-8(续)

级数	应纳税所得额（一份）	税率/%
3	超过 11 991 欧元至 26 631 欧元的部分	14
4	超过 26 631 欧元至 71 397 欧元的部分	30
5	超过 71 397 欧元至 151 200 欧元的部分	41
6	超过 151 200 欧元的部分	45

法国非居民个人所得税税率分别为 0、15% 和 25%。

（六）新加坡个人所得税税率

笔者将新加坡近十多年的个人所得税税率整理为表7-9①。

表 7-9　新加坡个人所得税税率表

应纳税所得额	税率/%		
	2007 财年至 2011 财年适用	2012 财年至 2016 财年适用	2017 财年起适用
不超过 20 000 新元②的部分	0	0	0
超过 20 000 新元不超过 30 000 新元的部分	3.5	2	2
超过 30 000 新元不超过 40 000 新元的部分	5.5	3.5	3.5
超过 40 000 新元不超过 80 000 新元的部分	8.5	7	7
超过 80 000 新元不超过 120 000 新元的部分	14	11.5	11.5
超过 120 000 新元不超过 160 000 新元的部分		15	15

---

① 参见 https://www.iras.gov.sg/irashome/Individuals/Locals/Working-Out-Your-Taxes/Income-Tax-Rates/

② 1 新元 = 4.779 6 元人民币，全书同。

表7-9（续）

应纳税所得额	税率/%		
	2007 财年至 2011 财年适用	2012 财年至 2016 财年适用	2017 财年起适用
超过 160 000 新元不超过 200 000 新元的部分	17	17	18
超过 200 000 新元不超过 240 000 新元的部分		18	19
超过 240 000 新元不超过 280 000 新元的部分			19.5
超过 280 000 新元不超过 320 000 新元的部分			20
超过 320 000 新元的部分	20	20	22

从表 7-9 可以看出，新加坡近些年的个人所得税税率档次是逐渐增加的。

新加坡对非居民纳税人来源于新加坡的雇佣所得（工资薪金所得）有两种征税方法，一种是按 15% 的比例税率计算所得税，另一种是按居民纳税人适用的超额累进税率计算所得税，最终非居民纳税人要按两者中较高的数额纳税。对非居民纳税人的咨询费、董事费和所有的其他所得按 22%（2016 财年及以前适用 20%）的税率征收，也即按超额累进税率表的最高边际税率征收。

（七）加拿大个人所得税的税率①

加拿大 2011 年、2012 年和 2015 年的联邦个人所得税税率分别如表 7-10、表 7-11 和表 7-12 所示。

表 7-10　2011 年加拿大联邦个人所得税税率表

级数	年应纳税所得额	税率/%
1	不超过 41 544 加元②的部分	15
2	超过 41 544 加元不超过 83 088 加元的部分	22
3	超过 83 088 加元的不超过 128 800 加元的部分	26
4	超过 128 800 加元的部分	29

① 参见 http://www.cra-arc.gc.ca/tx/ndvdls/fq/txrts-eng.html
② 1 加元 = 5.123 4 元人民币，全书同。

表 7-11   2012 年加拿大联邦个人所得税税率表

级数	年应纳税所得额	税率/%
1	不超过 42 707 加元的部分	15
2	超过 42 707 加元不超过 85 414 加元的部分	22
3	超过 85 414 加元的不超过 132 406 加元的部分	26
4	超过 132 406 加元的部分	29

表 7-12   2015 年加拿大联邦个人所得税税率表①

级数	全年应纳税所得额	税率/%
1	不超过 44 701 加元的部分	15
2	超过 44 701 加元至 89 401 加元的部分	22
3	超过 89 401 加元至 138 586 加元的部分	26
4	超过 138 586 加元的部分	29

从表 7-10、表 7-11 和表 7-12 可以看出，近年来加拿大联邦个人所得税税率的结构没有变化，一直是 15%~29% 的 4 级超额累进税率，变化的只是各级距的临界点变了，2012 年各级距的临界点比 2011 年各级距的临界点增加了 2.8%，2015 年各级距的临界点比 2012 年各级距的临界点增加了 4.67%。

加拿大的省或地方政府也同时征收个人所得税，其税率各不相同。除亚伯达省采用 10% 的比例税率外，其他各省都采用超额累进税率，有 3 级的，也有 4 级或 5 级的。

（八）澳大利亚的个人所得税税率②

澳大利亚近年来的个人所得税税率分别如表 7-13 和表 7-14。

表 7-13   澳大利亚个人所得税税率表（2010—2011 财年、2011—2012 财年）

级数	全年应纳税所得额	适用于居民的税率/%	适用于非居民的税率/%
1	不超过 6 000 澳元③的部分	0	29
2	超过 6 000 澳元不超过 37 000 澳元的部分	15	

① 参见 http://www.cra-arc.gc.ca/tx/ndvdls/fq/txrts-eng.html

② 参见 https://www.ato.gov.au

③ 1 澳元=4.679 4 元人民币，全书同。

表7-13（续）

级数	全年应纳税所得额	适用于居民的税率/%	适用于非居民的税率/%
3	超过 37 000 澳元不超过 80 000 澳元的部分	30	30
4	超过 80 000 澳元不超过 180 000 澳元的部分	37	37
5	超过 180 000 澳元的部分	45	45

表 7-14　澳大利亚个人所得税税率表（2012—2013 财年）

级数	全年应纳税所得额	适用于居民的税率/%	适用于非居民的税率/%
1	不超过 18 200 澳元的部分	0	
2	超过 18 200 澳元不超过 37 000 澳元的部分	19	32.5
3	超过 37 000 澳元不超过 80 000 澳元的部分	32.5	
4	超过 80 000 澳元不超过 180 000 澳元的部分	37	37
5	超过 180 000 澳元的部分	45	45

从表 7-13 和表 7-14 可以看出，澳大利亚的个人所得税对居民和非居民规定了不同的税率，由于居民有部分所得适用 0 税率和较低的税率，居民的税收负担绝对地低于非居民的税收负担。之所以如此规定，考虑的原因可能是，对居民境内外的所得都征税，而只对非居民的境内所得征税、境外所得不征税。对于居民和非居民同等数额的应税所得来说，非居民可能还有来源于境外的所得（非应税所得），其有能力负担较高的税收。另外，从澳大利亚个人所得税税率近年的变化来看，有两个特点：一是居民纳税人适用的税率级距在扩大，纳税人的税收负担得以降低；二是纳税人适用的低档边际税率有所提高、最高档边际税率有所下降，税制的累进性有所降低。

二、发展中国家的个人所得税税率

（一）印度的个人所得税税率

印度 2005—2006 财年个人所得税税率见表 7-15，2015—2016 财年个人所得税税率见表 7-16①。

级数	全年应纳税所得额	税率/%
1	不超过 10 万卢比②的部分	0
2	超过 10 万卢比至 15 万卢比的部分	10
3	超过 15 万卢比至 25 万卢比的部分	20
4	超过 25 万卢比的部分	30

表 7-16　印度个人所得税税率表（2015—2016 年）

级数	全年应纳税所得额	税率/%
1	不超过 25 万卢比的部分	0
2	超过 25 万卢比至 50 万卢比的部分	10
3	超过 50 万卢比至 100 万卢比的部分	20
4	超过 100 万卢比的部分	30

　　印度 2015—2016 财年的个人所得税税率（见表 7-16）与 2005—2006 财年的个人所得税税率（见表 7-15）相比较，税率和税率级数没有变化，只是各级距有所扩大而已。

　　另外，高龄公民和非常高龄公民的适用 0 税率的所得有不同程度地增多，例如 2015—2016 财年他们实际适用的税率如表 7-17 所示③。

表 7-17　印度特殊个人的个人所得税税率表（2015—2016 财年）

级数	全年应纳税所得额		税率/%
	年龄 60 岁及以上 80 岁以下的居民	年龄 80 岁及以上的居民	
1	不超过 30 万卢比的部分	不超过 50 万卢比的部分	0
2	超过 30 万卢比至 50 万卢比的部分		10

---

　① 参见 https://en.wikipedia.org/wiki/Income_tax_in_India
　② 1 卢比＝0.087 48 元人民币，全书同。
　③ 参见 https://en.wikipedia.org/wiki/Income_tax_in_India

表7-17(续)

级数	全年应纳税所得额		税率/%
	年龄 60 岁及以上 80 岁以下的居民	年龄 80 岁及以上的居民	
3	超过 50 万卢比至 100 万卢比的部分	超过 50 万卢比至 100 万卢比的部分	20
4	超过 100 万卢比的部分	超过 100 万卢比的部分	30

虽然不同身份的纳税人在 2015—2016 财年应纳税所得额超过 50 万卢比以后，同一档次的所得所适用的边际税率都相同，但由于高龄公民和非常高龄公民的适用 0 税率的所得有不同程度地增多，纳税人的最终税收负担还是有差别的：年龄 80 岁及以上的个人税收负担最轻，年龄 60 岁及以上 80 岁以下的个人税收负担次之，而普通人的税收负担最重，印度如此设计税率，还是很有意味的。

（二）巴西的个人所得税税率

巴西的个人所得税税率表十分简明，实际上长期只有两档税率，虽然最高边际税率自 2002 年从 25% 提高到了 27.5%，但相对于相当多的国家来说，其税率水平仍是很低的。且由于其级距的扩大，纳税人的税收负担并没有增加很多。此后，巴西的最高边际税率一直保持在 27.5% 的水平，其 2006 年的个人所得税税率表见表 7-18①。2015 年 4 月之后的税率表见表 7-19，虽然目前税率增加了两档，最高边际税率仍没有变，个人所得税的累进程度变缓了。巴西还鼓励公司分享利润给雇员，制定的适用于分享利润的税率见表 7-20②。

表 7-18 巴西个人所得税税率表（2006）

级数	月应纳税所得额	税率/%
1	不超过 1 257 雷亚尔③的部分	0
2	超过 1 257 雷亚尔不超过 2 512 雷亚尔的部分	15
3	超过 2 512 雷亚尔的部分	27.5

---

① 参见 http://www.tradingeconomics.com/brazil/personal-income-tax-rate

② 参见 http://taxsummaries.pwc.com/uk/taxsummaries/wwts.nsf/ID/Brazil-Individual-Taxes-on-personal-income

③ 1 雷亚尔=1.204 8 元人民币，全书同。

表 7-19 巴西个人所得税税率表（自 2015 年 4 月起有效）

级数	月应纳税所得额	税率/%
1	不超过 1 903.98 雷亚尔的部分	0
2	超过 1 903.98 雷亚尔不超过 2 826.65 雷亚尔的部分	7.5
3	超过 2 826.65 雷亚尔不超过 3 751.05 雷亚尔的部分	15.0
4	超过 3 751.05 雷亚尔不超过 4 664.68 雷亚尔的部分	22.5
5	超过 4 664.68 雷亚尔的部分	27.5

巴西的个人所得税采用源泉扣缴、最终纳税义务年终汇算清缴、多退少补的征收方法。按月预征的月所得税按上述的税率表计算应纳税额，年终总所得计征的年所得税所适用的税率表，其级距为上述的税率表级距的 12 倍。非居民纳税人参照居民纳税人税率。

表 7-20 巴西可选择所得税税率表（自 2015 年 4 月起有效）

级数	年利润分享额	税率/%
1	不超过 6 677.55 雷亚尔的部分	0
2	超过 6 677.55 雷亚尔不超过 9 922.28 雷亚尔的部分	7.5
3	超过 9 922.28 雷亚尔不超过 13 167.00 雷亚尔的部分	15.0
4	超过 13 167.00 雷亚尔不超过 16 380.38 雷亚尔的部分	22.5
5	超过 16 380.38 雷亚尔的部分	27.5

表 7-20 的税率只在公司给其雇员分享利润时适用，公司分享利润给雇员每年两次，两次之间至少相隔三个月。雇员的生计扣除可以在一般的工资中扣除，或者在分享的利润中扣除。

（三）保加利亚的个人所得税税率

保加利亚的个人所得税税率自 2008 年起由累进税率改为 10% 的比例税率，对独资企业主按其净所得的 15% 征税，对股息征 5% 的最终预提税①。

（四）泰国的个人所得税税率

泰国的个人所得税采用超额累进税率，2004—2006 年的税率见表 7-21，自 2013 年起的税率见表 7-22。

---

① 国家税务总局税收科学研究所. 外国税制概览 [M]. 4 版. 北京：中国税务出版社，2012：52.

表 7-21 泰国的个人所得税税率表（2004—2006 年）①

级数	应纳税所得额	税率/%
1	不超过 10 万泰铢②的部分	0
2	超过 10 万泰铢至 50 万泰铢的部分	10
3	超过 50 万泰铢至 100 万泰铢的部分	20
4	超过 100 万泰铢至 400 万泰铢的部分	30
5	超过 400 万泰铢以上的部分	37

表 7-22 泰国的个人所得税税率表（自 2013 年起）③

级数	应纳税所得额	税率/%
1	不超过 15 万泰铢的部分	0
2	超过 15 万泰铢至 30 万泰铢的部分	5
3	超过 30 万泰铢至 50 万泰铢的部分	10
4	超过 50 万泰铢至 75 万泰铢的部分	15
5	超过 75 万泰铢至 100 万泰铢的部分	20
6	超过 100 万泰铢至 200 万泰铢的部分	25
7	超过 200 万泰铢至 400 万泰铢的部分	30
8	超过 400 万泰铢以上的部分	35

将表 7-21 和表 7-22 相比较，可知，适用 0 税率的应纳税所得额增加了，新的个人所得税税率的最高边际税率下降了 2 个百分点，税率档次增加了 3 档，将原来税率表中的 2、3、4 档的每一档的应纳税所得额分出了一部分，规定了更低的税率，比原来适用的税率低了 5 个百分点。因此纳税人的总体税收负担基本上都大约降低了 2.5 个百分点。

三、其他一些国家个人所得税税率的变化趋势

根据国家税务总局税收科学研究所编译的《外国税制概览》（第 4 版）所介绍各国的个人所得税税率和相应国家最新税率的变化，笔者进行整理得

① 参见 http://new.citri.org.cn/do/bencandy.php? fid = 136&id = 1674
② 1 泰铢＝0.195 6 元人民币，全书同。
③ 参见 http://www.rd.go.th/publish/5998.0.html

出表 7-23。

表 7-23　世界部分国家个人所得税税率一览表

序号	国别	累进税率档数	各档税率/%	备注
1	阿根廷	5	9、14、19、23、27、31、35	自 2000 年起施行
2	澳大利亚(居民)	5	0、19、32.5、37、45	2013 年 6 月 30 日截止的纳税年度适用
	澳大利亚(非居民)	4	29、30、37、45	
3	奥地利	4	0、36.5、43.214 3、50	2011 年
4	阿塞拜疆	2	14、30	2011 年
5	比利时	5	25、30、40、45、50	2011 年
6	巴西	5	0、7.5、15、22.5、27.5	2011 年 4 月起
7	文莱（非居民）	比例税率	10、15、20	按不同收入项目征收预提税,对居民不征个人所得税
8	保加利亚	比例税率	10(对独资企业主按其净所得的15%征税,对股息征5%的最终预提税)	自 2008 年起由累进税率改为比例税率
9	柬埔寨（工资、薪金）	5	0、5、10、15、20	非居民20%
10	加拿大（联邦）	4	15、22、26、29	合计最高边际税率的幅度为:39%~48.2%
	加拿大（省或属地最高边际税率）	多数为累进税率	10.0~24.0	
11	智利	8	0、5、10、15、25、32、37、40	自 2003 年起施行
12	捷克	比例税率	15	2012 年
13	丹麦(普通所得)	2	3.64、15	自 2011 年起
	丹麦(股份所得)	2	27、42	自 2012 年起
	丹麦（受控外国公司所得）	比例税率	25	
	丹麦（养老金所得超过 362 800 丹麦克朗的部分）		6	自 2011 年起至 2014 年

表7-23(续)

序号	国别	累进税率档数	各档税率/%	备注
14	埃及（居民）	5	0、10、15、20、25	自2011年起
	埃及（非居民）	比例税率	10	
15	芬兰（劳动所得）	4	6.5、17.5、21.5、30	2011年
	芬兰（资本所得）	2	30、32	2012年
	芬兰（非居民）	分类、按毛收入，比例税率	劳动所得35 资本所得28	2011年
16	法国（居民）	5	0、5.5、14、30、41	2013年
	法国（非居民）		0、12、20	
17	德国	5	0、14.00～23.97、23.97～42、42、45	就个人所得税的应纳税额加征5.5%的团结附加税，实际最高边际税率相当于47.475%
	德国（资本利得、股息、利息）	比例税率	25	加上5.5%的团结附加税,实际税率为26.38%
18	加纳（居民）	5	0、5、10、17.5、25	2010年6月开始
	加纳（非居民）	比例税率	15	
19	希腊	8	0、10、18、25、35、38、40、45	2011年
20	匈牙利	比例税率	15%	自2016年起
21	冰岛	3	22.9、25.8、31.8	2011年
22	印度	4	0、10、20、30	女性居民、高龄公民和非常高龄公民的适用0税率的所得有不同的增多
23	印度尼西亚(居民)	4	5、15、25、30	自2009年起
	印度尼西亚（非居民）	比例税率	20	
24	爱尔兰	2	20、41	2011年

表7-23(续)

序号	国别	累进税率档数	各档税率/%	备注
25	以色列（经营所得、就业所得、已60岁的纳税人）	6	10、14、23、30、33、45	2011 年
	以色列(消极所得)	3	30、33、45	
	以色列（利息、股息、资本利得）	不同的比例税率		
26	意大利	5	23、27、38、41、43	2011 年
27	牙买加	比例税率	25%	自 2011 年起
28	日本（居民）	6	5、10、20、23、33、40	
	日本（非居民）	比例税率	20	
29	韩国	4	6、15、24、33	自 2012 年起
30	老挝①	7	0、5、10、12、15、20、24	自 2013 年起
31	卢森堡	18	0、8、10、12、14、16、18、20、22、24、26、28、30、32、34、36、38、39	2011 年
32	马来西亚（居民）	4	12、19、24、26	2012 年
	马来西亚(非居民)	比例税率	26	2012 年
33	墨西哥（居民）	8	1.92、6.40、10.88、16.00、17.92、21.36、23.52、30.00	2011 年 最高边际税率计划 2013 年降到 29%，2014 年降到 28%
	墨西哥（非居民）	3	0、15、30	
34	摩洛哥	6	0、15、25、35、40、42	自 2010 年起
35	纳米比亚	5	0、27、32、34、37	2011 年

---

① 参见 http://www.chinatax.gov.cn/n810219/n810744/n1671176/n1671206/index.html

表7-23（续）

序号	国别	累进税率档数	各档税率/%	备注
36	荷兰（职业和住房所得）	4	33、41.95、42、52	2011 年
	荷兰（股权收入所得）	比例税率	25	
	荷兰（储蓄和投资的净资产收益）	比例税率	30	自 2001 年起
37	新西兰	4	10.5、17.5、30.0、33.0	自 2010 年 10 月起
38	挪威	2	9、12、28?	
39	巴基斯坦	18	0、0.75、1.5、2.5、3.5、4.5、6、7.5、9、10、11、12.5、14、15、16、17.5、18.5、20	2011 年
40	秘鲁（居民、工资薪金所得）	4	0、15、21、30	2011 年
	秘鲁（非居民）	比例税率	30	
	秘鲁（居民、资本利得、投资所得）	比例税率	5（资本利得）4.1（红利所得）	
41	菲律宾	7	5、10、15、20、25、30、32	2011 年
42	波兰	3	0、18、32	
43	葡萄牙（居民）	8	11.5、14、24.5、35.5、38、41.5、43.5、46.5	2011 年
	葡萄牙（非居民）	比例税率	21.5	
44	罗马尼亚	比例税率	16	2011 年
45	俄罗斯	比例税率	13	
46	沙特阿拉伯	不征个人所得税		
47	新加坡（居民）	9	0、2、3.5、7、11.5、15、17、18、20	
	新加坡（非居民）	比例税率	20	
48	南非	6	18、25、30、35、38、40	2011—2012 纳税年度

表7-23（续）

序号	国别	累进税率档数	各档税率/%	备注
49	西班牙（居民）	6	24、28、37、43、44、45	2011 年
	西班牙（非居民）	比例税率	24	
50	瑞典（居民工资薪金所得）	3	0、20、25	
	瑞典（非居民工资薪金所得）	比例税率	25	
	瑞典（资本利得）	比例税率	30	
	瑞典（出售房地产收入）	比例税率	22	
	瑞典（房地产租赁收入）	比例税率	20	
	瑞典（出售股票收入）	比例税率	25	
51	瑞士	15	0、1、2、3、4、5、6、7、8、9、10、11、12、13、11.5	2012 年
52	坦桑尼亚（居民）	5	0、14（15）、20、25、30	坦桑尼亚和桑给巴尔居民适用税率有差异
	坦桑尼亚（非居民）	根据所得性质不同分两档	15、20	
53	泰国	5	0、10、20、30、37	2011 年
54	土耳其（雇佣所得）	4	15、20、27、35	2011 年两类所得的级距略有不同,使所得超过 53 000 里拉后,非雇佣所得的税负高于雇佣所得的
	土耳其（非雇佣所得）	4	15、20、27、35	
55	乌干达（居民）	4	0、10、20、30	
	乌干达（非居民）	3	10、20、30	

表7-23（续）

序号	国别	累进税率档数	各档税率/%	备注
56	英国（储蓄所得）	4	10、20、40、50	2011—2012 财政年度
	英国（股息）	3	10、32.5、42.5	
	英国（资本利得）	3	0、18、28	
	英国（其他所得）	3	20、40、50	
57	美国	6	10、15、25、28、33、35	2011 年
58	委内瑞拉(居民)	8	6、9、12、16、20、24、29、34	2011 年
	委内瑞拉（非居民）		34，从事服务获得的薪金 34~90，从事非商业的专业服务的报酬，对总收入	
59	越南（居民雇佣和经营所得）	7	5、10、15、20、25、30、35	
	越南(居民非雇佣所得)	不同性质的所得适用不同的比例税率	5、10、20、25	
	越南（非居民）	不同性质的所得适用不同的比例税率	0.1、1、1~5、2、5、10、20	
60	赞比亚	4	0、25、30、35	

从表 7-23 中可以看出，近年来，荷兰对职业和住房所得的最高边际税率为 52%，为世界各国之最；最高边际税率为 50% 的国家只有奥地利、比利时和英国三个国家；最高边际税率为 46.5% 的国家只有葡萄牙一个国家；最高边际税率为 45% 的国家只有澳大利亚、希腊、以色列和西班牙四个国家。

个人所得税由累进税率改为比例税率的国家有：保加利亚（2008 年），10% 的税率（对独资企业主按其净所得的 15% 征税，对股息征 5% 的最终预提税）；捷克（2012 年），15%；匈牙利（2016 年），15%；牙买加（2011 年），25%；罗马尼亚（2011 年），16%；俄罗斯，13%（2001 年）。

自 2001 年 1 月 1 日起，俄罗斯的个人所得税制采用 13% 的比例税率。1991 年 7 月 26 日波兰颁布实施《个人所得税法》，采用 20%、30% 和 40% 的三级超额累进税率；1994 年起，将个人所得税税率提高到 21%、33%、45%；2001 年，又将个人所得税税率降为 19%、30% 和 40%。

1988 年匈牙利开征个人所得税，采用 0%～60% 的 11 级超额累进税率。1989 年把最高边际税率削减为 56%，1990 年把最高边际税率削减为 50%，税率档次减少了二分之一，税率级距拉大；1992 年进一步简化个人所得税制，税率档次减少为 3 档，分别是 20%、30% 和 40%。此后，为抵消国内通货膨胀的影响，多次调整免征额和税率级距。匈牙利 2003 年个人所得税各档税率不变，但平均税率将降至 19.8%（2003 年），总体税负将减少 25 亿福林。因为 2003 年适用 20% 税率的应纳税所得额的上限提高至 65 万福林（约 2 600 美元）；适用最高档税率的应纳税所得额的下限提高至 135 万福林。2004 年三档税率降为 18%、26% 和 38%，平均税率为 18.2%。2011 年，匈牙利个人所得税改为比例税率，税率为 16%；自 2016 年起，其个人所得税税率又降了一个百分点，为 15%①。

通过分析上述各个国家个人所得税税率的实施情况，可以发现，大多数国家的个人所得税都采用超额累进税率，而且税率的档数和最高边际税率都是随着本国的经济条件和社会政策的变化而升降的。由于各国所要实现的政策目标、经济条件的不同，其税率的累进程度、最高边际税率以及档次数量都有很大的不同。

但从总体上说，各国个人所得税税率的设计有以下五个特点：一是世界各国多采用超额累进税率。依据具体情况的不同，又分两种情形，其一是采取单一的超额累进税率，以美国为代表；其二是以超额累进税率为主，以比例税率为辅，这在新加坡表现得最为典型。二是在税率档次上减少、增多有反复。有些国家经历了税率档次由多到少，再逐渐增加的情况，如日本、美国、新加坡等。日本 1983 年的个人所得税税率有 19 级，1995 年的档次是 5 级，到 1999 年则为 4 级，2015 年则又达到 7 级税率。三是主要西方国家个人所得税的最高边际税率日趋接近，如英、美、日、德、法等国的最高边际税率基本在 39.6%～50%。四是部分国家允许家庭联合申报或夫妻合并申报，也允许夫妻分别申报，且不同纳税申报单位均有与之相对应的超额累进税率表，如美国。

---

① 参见：Maria Molnar. PERSONAL INCOME TAX CHANGES IN HUNGARY. http://www.tmf-group.com/en/media-centre/news-and-insights/january-2016/pit-changes-hungary? sc_trk = related-Content

五是某些国家的税收制度有鼓励生育的政策体现，如法国和西班牙。法国的个人所得税是按家庭计算缴纳的，家庭成员的多少影响应纳税额的多少。家庭的应纳税所得先除以家庭人数，计算出人均应纳税额，再乘以家庭人数就是该家庭的应纳税额。人数的确定规则是：每一个成年人算一人，头两个儿童分别算半人，从第三个儿童开始，每个儿童又算一人。西班牙的个人免税额为 5 150 欧元，第一个小孩的免税额为 1 836 欧元，第二个小孩为 2 040 欧元，第三个小孩为 3 672 欧元，第四个及以后的小孩每人为 4 182 欧元。在这两个国家夫妻两人生育子女越多，其纳税额越少。

在税率结构的调整上，世界各国的微调频率明显加快，自 20 世纪 90 年代以来，税率结构长期不变的情况已不再现。许多西方国家进行税制改革，个人所得税收入占税收收入的比重越来越大，成为第三大税种，仅次于社会保障税和增值税。个人所得税制的改革在 20 世纪 90 年代一般是减少税率档次，降低最高边际税率，但进入 21 世纪后，许多国家在财政压力下，又提高了最高边际税率。

税率是个人所得税制度的核心要素之一，目前各国在对个人所得税进行的改革中对税率的调整一般是降低边际税率，减少税率档次，为了使纳税人的税收负担不因通货膨胀而增加，很多国家都增加了对税率级距进行指数化调整的条款，这种指数化调整可以消除因通货膨胀而形成的税级爬升现象，避免增加纳税人的个人所得税负担。

第二节　我国个人所得税税率的设计

一、我国个人所得税税率存在的问题

关于我国 2018 年以前个人所得税税率存在的问题，不同的学者有不同的见解。

有人认为其主要问题在于：一是税率种类过多、过杂。两种超额累进税率，一种比例税率，按比例征税的所得既有加成征收的规定又有减征的规定，这种复杂性在世界上是少见的。二是税率档次过多，与国际上减少税率档次的趋势不相符。三是最高边际税率过高且不同所得存在较大差异，有损税法的刚性和公平性。四是税负不合理，都属于勤劳所得的工资薪金所得、个体工商户生产经营所得和劳务报酬所得，在征税时应该同等对待，却分别适用不同的累

进税率①。工资薪金所得的边际税率达 45%，而对非勤劳所得，如利息、股息、红利和财产租赁等，才适用 20% 的比例税率，造成对非勤劳所得征税偏低，对勤劳所得征税偏高，与我国的按劳分配原则相背离。

有人比较了工薪所得和个体工商户、承包承租所得的税率表②，认为工薪所得的累进税率基本是合理的，只是开头几档税率有些欠妥，一是免征额太小；二是起始税率太低；三是第一、二、三档税率的所得级距跨度太小。而认为个体工商户、承包承租所得适用的税率表不大合理，一是税率档次少；二是最高边际税率偏低，这两点使得个人所得税对该类所得的真正高所得者缺乏调节力度；三是税率的级距的跨度太小，这一点使得该类所得在所得不太高时的税负累进程度大于工薪所得的累进程度，认为这种税率制度既会扭曲个人行为，也不符合公平的标准。

怎样才能选择一个公平、合理的个人所得税税率，是一个需要根据社会与经济的发展不断探讨的问题。在个人所得税的实践中，比例税率与累进税率有很大差别。比例税率简单明了，但它对收入分配差距几乎没有调节作用。累进税率会随着所得额的增加逐渐提高课征比率，所得额越大，适用的课征比率越高。个人所得税多采用超额累进税率。超额累进税率是多个比例税率的组合，每个档次的所得适用的税率不同。纳税人的所得越多，适用的税率越高；同时，纳税人的所得越多，适用高税率的所得额占其总所得额的比重也越大。所以，采用超额累进税率的个人所得税，其税收收入增长速度比国民收入的增长速度快。

分析累进税率，有两个相联系的概念需明确，即平均税率和边际税率。平均税率是全部个人所得税税额与应纳税所得额之比：平均税率 = 个人所得税额/应纳税所得额；边际税率是纳税人增加的最后一单位的收入缴税的比例：边际税率 = 新增税额/新增收入。累进税率实质是采用边际税率的形式构造而成的。边际税率始终高于平均税率，直至最高点处两者相互接近，表明两者的内在联系。但是，应纳税所得额只是纯所得的一部分，因为在计算应纳税所得额时，已经将个人减免额表示的应扣除的部分扣除掉了。

因此，衡量税率水平的较好办法应考虑实际纳税额占纯所得的比例，这个比例被称为实际有效税率。

税率是税制的基本要素，科学合理地确定税率是税制设计的核心问题，关

---

① 梁芬. 中外个人所得税税率结构比较与借鉴 [J]. 税务研究，2003（3）：71-74.
② 赵恒. 个人所得税论 [D]. 大连：东北财经大学，2003.

系到税负的高低和税制的运行。许多人认为，个人所得税必须实行多档次、高边际税率的累进税率，才能承担起调节收入分配的职责，实践证明这种观点有欠缺。多档次、高边际税率的个人所得税制往往难以得到有效执行，而无法有效执行的税制就难以实现其既定的调节目标。此外，纳税人对税制的认同度极大地影响到税制运行能否成功，如果纳税人普遍认为税收负担不公平、不合理，认为自己依法纳税太吃亏，就会想方设法逃避纳税义务，税制运行就不可能顺利、平稳。所以，为了提高纳税人对税制的认同度，实现调节收入分配的职能，在税率设计时要遵循低税率、宽税基的原则。

目前，我国个人所得的账面化程度还不是很高，还存在大量的现金交易，而个人所得税主要针对账面上的货币所得征收。如果税率定得过高，纳税人感觉税收负担太重，就会促使他们选择隐性化所得，如不要求高的货币工资而要求高的实际福利待遇。这意味着高的边际税率对高所得进行调节的政策目标难以达到。

合理的最高边际税率会提高纳税人对税制的认同度，有利于培养纳税人自觉纳税的意识，减少逃税、避税现象，为个人所得税的基础信息统计铺平道路，经过几年的积累，就能形成真实全面的信息库。有全面、系统、真实的信息作为基础，就能实现个人所得税的公平目标和征管效率的提高。也就是说个人所得税的纵深改革要从长远考虑，如果实行过高的税率，纳税人对税制不认同，就可能选择逃避纳税义务，税务机关即使加大征管力度，也只能发现、处理极少数案件，或者由于偷逃税面过大，而出现法不责众的尴尬局面。相比较而言，低税率易于扩大税基、提高征管效率。

二、税率设计的原则：降低税率、减少档次

实践证明：多档次、高税率的个人所得税制往往难以有效执行，而难以有效执行的个人所得税制就无法实现其既定的调节收入分配的目标。笔者认为，我国个人所得税纵深改革应适当考虑减少税率级次，如将我国的个人所得税税率设为 6 级，同时拉大税率级距。另外，我国现行个人所得税中的最高边际税率为 45%，这么高的边际税率在国际上都是非常少见的。美国目前个人所得税的最高边际税率仅为 37%，个人所得税还是美国联邦政府的最大税种。我国台湾地区的个人所得税最高边际税率为 40%。从税收实践来看，纳税人适用的边际税率越高，纳税人逃避税的动机就越强，税收征管难度就越大，这不利于维护税法的刚性，应适当调低最高边际税率。

公平、简单和低税率的税制与复杂、高税率的税制相比，能征收到更多的税款。因为后者因复杂而有着太多的税收漏洞，因高税率纳税人的逃避税的动机强，所以易导致纳税人不遵守税法；前者较低的税率降低了纳税人逃避税的动机，因为逃避税需要成本，许多逃避税的手段在高税率时值得采用的，在低税率时就不再值得采用。税率降低到一个合适的水平，将使纳税人的精力更多地用于工作、生产经营或投资之上，而不是用于寻找各种逃避税措施之上。

三、税率的具体设计

朱为群、陶瑞翠（2016）借鉴实施单一税国家的经验，建议我国的个人所得税实行两级或三级超额累进税率，即通过减少税率档次和扩大级距，来提升我国个人所得税的经济效率，同时发挥一定程度的收入调节作用①。

有许多学者在并立型分类综合所得税制的假设下，对个人所得税税率提出了一些尝试性的设计建议。如：石坚、狄欣荣（2016）对分类课征的资本所得设计了20%、30%、40%的3级超额累进税率，对综合课征的经常性所得设计了5%~35%的6级超额累进税率②。

笔者设计的税制模式是交叉型分类综合所得税制，年终汇算清缴时，不区分经常性所得和偶然性所得，也不区分劳动所得与资本所得，统一适用同一超额累进税率表，所以只需要设计一个超额累进税率表。

为了使税制简明，并配合落实全面二胎的计划生育政策（实际上也为计划生育政策的进一步调整留有余地），税率级距的设计应以家庭人均年应纳税所得额来规定。笔者将个人所得税的超额累进税率设计为：家庭人均年应纳税所得额在48 000元以下的部分，税率为3%；超过48 000元未超过240 000元的部分，税率为8%；超过240 000元未超过720 000元的部分，税率为14%；超过720 000元未超过1 200 000元的部分，税率为20%；超过1 200 000元未超过2 400 000元的部分，税率为27%；超过2 400 000元以上的部分，税率为35%（见表7-24）。

表7-24　笔者设计的个人所得税税率表

级次	家庭人均年应纳税所得额	税率/%	速算扣除数/元
1	未超过48 000元的部分	3	0

---

① 朱为群，陶瑞翠. 当代世界各国单一税改革的特征分析 [J]. 审计与经济研究，2016（3）：92-100.

② 石坚，狄欣荣. 个人所得税制家庭课税制度研究 [J]. 财政科学，2016（10）：43-51.

表7-24（续）

级次	家庭人均年应纳税所得额	税率/%	速算扣除数/元
2	超过 48 000 元未超过 240 000 元的部分	8	2 400
3	超过 240 000 元未超过 720 000 元的部分	14	16 800
4	超过 720 000 元未超过 1 200 000 元的部分	20	60 000
5	超过 1 200 000 元未超过 2 400 000 元的部分	27	144 000
6	超过 2 400 000 元的部分	35	336 000

　　之所以按照家庭人均年应纳税所得额来设计个人所得税税率是基于这样的伦理基础：社会主义核心价值观的一个很重要的方面就是"家国一体""国泰民安"。中华民族家庭观念很强，赡养老人、尊老爱幼是我国人民的传统美德。家是最小国，国是最大家。家庭是社会的基本细胞，社会贫富差距的扩大主要体现在家庭贫富差距的扩大上，家庭的人均应税所得与个人的应税所得相比更能全面反映纳税人的纳税能力；以家庭人均年应纳税所得额来设计个人所得税税率可以同时解决对家庭进行分类的麻烦。因此，有必要以家庭的人均应税所得作为个人所得税税率的累进依据，以家庭为纳税申报单位代替以个人为纳税申报单位的征税方法。

第八章 我国个人所得税的征收管理及配套措施

个人所得税的征管能力是影响和制约个人所得税作用发挥的一个重要因素。一个完善的税制，必须要有切实有效的征管措施，才能使税制的优势转化为现实的优势。当今社会信息技术高速发展，采用信息化现代税收征管手段应该是保证个人所得税制有效实施的强有力举措。

第一节 个人所得税征收管理的国际比较

一、美国

个人所得税在美国是一个纳税人最多的税种，其征收涉及有正常所得的每一个人和每一户家庭，每个纳税人的纳税资料在美国联邦税务局的大型计算机系统中都有记录。在美国，每个人都有一个终生不变的编号，当个人之间发生交易时，双方都要登记对方的个人编号并向税务机关提交相关文书；支付工资、佣金、利息和股息等的所有单位和个人都要填写法定表格送达税务机关。这样，税务机关的档案中对每个纳税人的收入、支出均有记载。联邦税务局只要通过计算机系统对纳税人的纳税信息与收入、支出信息进行比对分析，就可以确定纳税人的纳税申报情况是否真实，这对偷逃税者形成强大的威慑力[①]。

虽然美国税务当局能较好地掌握纳税人的所得信息，但美国个人所得税仍以预扣预缴的源泉扣缴为基础，年度终了纳税人进行汇算清缴为主要的征收方式。其主要做法有三种：一是源泉扣缴，雇主向雇员支付所得时预扣税款，并按期上缴税务机关。二是预估暂缴，主要适用于经营所得、事业所得等，每个

---

① 张敏. 借鉴美国经验强化我国个人所得税征管 [J]. 税收与企业，2002（5）：30-32.

季度缴一次税款，全年所预缴的税款不能低于上一年度的实纳税额，或者不能低于当年实际应纳税额的90%。三是申报汇缴，年终纳税人申报纳税，多退少补，这是个人所得税征管的重要工作①。

二、英国

英国个人所得税实行源泉扣缴与自行申报并重的征收方式。对于工资薪金所得和利息所得采取源泉扣缴，其中对工资薪金所得的源泉扣缴采用累计制。累计制就是扣缴人每次扣缴税款时，将纳税人在本纳税年度取得的工资薪金所得累计计算，宽免额也累计计算，先计算出本纳税年度初到本次为止的收入额的应纳税额，本次应扣缴的税额等于该应纳税额减去此前累计扣缴的税额。累计制能够准确地扣缴全年税款，在纳税人收入减少时，应扣缴的税额也随之减少，最大限度地减少了年终退税。在每一纳税年度结束时，英国税务局以书面形式发给纳税人个人所得税申报表，并限时完成申报手续，要求纳税人提供收入、支出和宽免三个方面的信息，计算表中有关内容。根据所得来源项目的不同，有不同类型的纳税申报表供纳税人选择。对仅有工资薪金所得和储蓄所得的纳税人，税务局不要求其每年都进行纳税申报。

英国实行信息化征收管理，税务机关的计算机系统采集了纳税人全部的收入、支出信息，计算机系统自动对纳税人的收入、支出信息进行稽核，计算并统计出纳税人欠缴的税款以及拖欠税款应计的利息、罚金等，将纳税人欠缴税款的具体情况传输到基层税务机关。负责税款追缴的工作人员按规定的催缴程序对本辖区欠税的纳税人进行催缴，无权修改拖欠税款应计的利息、罚金等。实行信息化征收管理，减少了税务人员的工作量，改变了工作方式，在提高工作效率的同时，保证了税收制度执行的一致性。

为了保证国家税款及时、足额征收，促使纳税人自觉履行纳税义务，英国在税收法律中有明确的处罚规定。对税收违法行为的处罚是十分严厉的，基层工作人员无法修改纳税人的违法记录。纳税人具有很强的法律意识，当对税务机关做出的估税或处罚决定有意见时，会按照一定的程序书面提出申诉。

在英国，纳税服务是税务机关重要的工作内容。税务机关有义务免费向社会传递各种税务法律信息，告知纳税人税务机关的工作程序和要求，以及解答纳税人的疑问。英国还创立了一种特别委员会制度，商人可以向委员们咨询，

---

① 湖北省地方税务局. 个人所得税征管制度改革研究 [C]. //石坚，陈文东. 中国个人所得税混合模式研究 [M]. 北京：中国财政经济出版社，2012.

委员们都是税务专家，被要求保守商业秘密。

三、德国

税卡制度是德国在个人所得税征管方面的一大特色。税卡是由纳税人的户籍所在地或家庭所在地税务机关发放的，根据申领者的家庭状况分为5级，用人单位招聘新员工时，必须收取新员工的税卡，如果给无税卡的员工发放的工资每月超过325欧元，就是雇佣黑工，会受到严厉的法律制裁。用人单位发放工资时，要扣缴个人所得税并填写税卡，纳税年度结束，税卡要退给雇员，雇员将其作为个人所得税纳税申报的一个附件。如果一个人有多份工作，可申领多个税卡。另外，银行要代扣代缴个人利息的所得税。

在德国每个人都有一个税号，每年5月31日以前个人应把个人所得税申报表提交居住地税务局。一般在收到申报表一个月后，税务局会将所得税结算通知书寄给纳税人。由于每年的税法都会有些变化，个人所得税的计算较复杂，多数居民会请税务会计师来做个人所得税纳税申报表。税务会计师在个人所得税的申报上扮演着十分重要的角色。由于各种所得在扣缴税款时，没有考虑生计费用扣除问题，在年终进行纳税申报时，经过全面的生计费用扣除计算后，根据多退少补的原则，纳税人都可以从税务局获得不少退税，这样纳税人主动报税的意识很强[①]。

美国的大型计算机系统，英国对工资薪金所得采用累计制的源泉扣缴，德国的税卡制度，都很好地解决了税务机关对个人所得如何进行切实有效控管的问题，还有英国的信息化征收管理和纳税服务等都值得我们借鉴。

第二节　我国个人所得税纳税申报单位的选择

个人所得税纳税申报单位如何选择，是以个人为纳税申报单位？以夫妻为纳税申报单位？还是以家庭为纳税申报单位？从国家取得收入的视角看，是没有本质区别的。但以个人为课税单位的个人所得税制，未考虑家庭中的儿童和老人的赡养成本，使得需要抚养儿童和赡养老人的家庭的税负高于不需抚养儿童和赡养老人的家庭，导致了税收负担的不公平。

荷兰的个人所得税要求夫妻应就各自的所得（商业经营利润、工资、退

---

① 项平. 德国个人所得税对完善我国个人所得税的启示 [J]. 经济师，2004（12）：209-210.

休金等）减去某些折扣、扣除项目和保险金之后的余额分别纳税。投资所得由夫妻收入较高的一方承担纳税义务，与收入来源无关的抵扣也由夫妻收入较高的一方扣除。

卢森堡的个人所得税要求夫妻所得合并申报纳税，这里，夫妻是指已结婚且在纳税年度初始未离异的夫妻。

一、我国个人所得税应以家庭为纳税申报单位

关于"我国个人所得税纳税单位选择"的问题，我国学者已经讨论得相当多了，在中国知网上检索一下，发现2002—2006年每年与该主题相关的论文有14至21篇不等，而2007—2016年与该主题相关的论文更多，每年有三四十篇。多数学者是赞成以家庭为纳税单位来申报缴纳个人所得税的，并进行了一定的设想；也有个别学者认为我国不适宜以家庭为纳税单位来申报缴纳个人所得税。

郭庆旺、何乘材（2001）提出，支付能力如果取决于家庭所得，则以家庭为纳税单位更公平；如果资本所得不在征税范围中，或按较低的比例税率征税，个人所得税的实际累进程度可能会很低；提高生计费用扣除标准会使低收入者受益。

李华（2011）提出应根据我国的具体国情选择简化的家庭联合纳税方式，即实行定人定员定额标准扣除，根据政府提供的养老保险情况、计划生育政策允许范围内的子女数，确定纳税人赡养或抚养的人数，按照赡养或抚养的人数享受定额扣除。

岳树民、卢艺（2013）认为既可以以个人为纳税单位，也可以以家庭为纳税单位，并提出若以个人为纳税单位，要调整税前扣除，即被赡养人口的基本生活费用扣除额夫妻平分；若以家庭为纳税单位，可以采用三种方案：加大已婚女性的税前扣除额；或夫妻的劳动所得分别纳税，其余所得合并申报纳税；或对已婚女性实行单独的税收返还。

薛钢、李炜光、赵瑞（2014）认为由于家庭界定困难、纳税人家庭信息不能完全掌握、家庭生计扣除更复杂等原因，在目前我国个人所得税采取分类所得税制的情况下，应坚持以个人为课税单位，他们只是建议工资薪金所得的生计扣除适当考虑纳税人的实际家庭因素，允许纳税人支付的家庭成员医疗

费、教育费、赡养费等限额扣除[①]。

徐芳婷（2016）从价值层面和技术层面分析了以家庭或以个人为课税单位的论争焦点，提出了以家庭为课税单位，通过重视成本负担、缓解工龄人口压力，有助于缓解老龄化问题；通过鼓励新增人口中、推动人口生育等，有助力缓解少子化问题[②]。

仲夏辉（2016）认为应该以家庭为纳税申报单位，通过制度的完善为此创造条件，最终实现以家庭为课税单位，使个人所得税制度更加公平有效[③]。

李林君（2016）探讨了我国个人所得税中考量家庭因素存在的问题，并提出了个人所得税的家庭规模和结构的标准化设计[④]。

石坚、狄欣荣（2016）研究了个人所得税家庭课税模式的优点，分析了在我国实行家庭课税模式的重要意义，对个人所得税新模式下的计税单位、税前扣除范围、扣除标准以及税率水平等要素进行了设计。他们提出了推行家庭课税模式的配套制度改革措施，以及应谨慎、稳妥、分步推进个人所得税家庭课税制度的改革建议[⑤]。

刘鹏（2016）反对个人所得税以家庭为纳税单位，其理由主要是：与我国的分类税制不相容，也与我国的个人所得税制改革的目标——分类与综合相结合的税制不相容；家庭的概念难界定，仅以婚姻关系代指家庭关系，是以偏概全的；家庭费用扣除的设计难以符合税收公平原则，其举例说存在"老人养家""子女啃老""有老不养"和"生而不养"等现象，家庭费用扣除标准难以科学设计[⑥]。刘鹏的顾虑是有道理的，以家庭为纳税单位确实与我国当时的个人所得税分类税制不相容，也确实与当时多数学者所讨论的、现在实行的并立型分类综合所得税制不相容。

本书所提出的改革方案是交叉型分类与综合相结合的税制，这是一种更接近综合税制的个人所得税制，该税制与以家庭为纳税单位是天然相容的。家庭

---

① 薛钢，李炜光，赵瑞.关于我国个人所得税课税单位的选择问题 [J].南方经济，2014 (12)：115-121.

② 徐芳婷.少子老龄化背景下个人所得税课税单位的选择 [J].湖北理工学院学报（人文社会科学版），2016 (4)：40-44.

③ 仲夏辉.家庭还是个人：个人所得税纳税单位的选择文献综述 [J].商，2016 (3)：158-159.

④ 李林君.家庭规模和结构的标准化设计：个人所得税按家庭课征的突破口 [J].税务研究，2016 (11)：52-56.

⑤ 石坚，狄欣荣.个人所得税制家庭课税制度研究 [J].财政科学，2016 (10)：43-51.

⑥ 参见：刘鹏.家庭课税：我国个人所得税改革的应然之举？[J].经济体制改革，2016 (4)：191-195.

的界定、家庭费用扣除标准的设计实际上也是可以很好地解决的。

二、纳税申报单位——"家庭"的确定原则

事实上，家庭是个最常用、最普通但也是最难准确权威界定的概念，理解的多样化是其基本特征。在赞成以家庭为纳税申报单位的学者在讨论纳税申报单位"家庭"的界定时，有许多人认为应考虑居住状况，强调在一起居住。笔者不赞成作为纳税申报单位的"家庭"成员必须在一起居住的界定。原因是这种界定会排除掉许多需要被赡养、抚养的家庭成员。如，农村出来打工的夫妻，他们无条件、无办法将留在老家的老人和未成年子女带到城里来；而且现在农村的许多老人，不愿意到城里与子女一起住，因为子女有工作要忙，没人陪，有些老人不会讲普通话，在城里出门都难与人交流。即使城市里的老人也有许多不愿意与已婚子女长期住在一起，大批的独生子女由于生长环境所致，比较有个性，比较难迁就他人，公婆与媳妇之间、岳父母与女婿之间容易出现矛盾，不利于家庭和睦。虽然不居住在一起，但这些老人和未成年子女还是需要年轻人赡养、照顾和抚养的。

本书设计的个人所得税制，在"家庭"成员的收入比较均衡的情况下，各成员单独申报纳税与以"家庭"申报纳税，税收负担是一样的。在"家庭"成员的收入差距比较大时，各成员单独申报纳税的税收负担要比以"家庭"申报纳税的税收负担重。所以，一般来说，扩大"家庭"规模，可以减轻税收负担；而"家庭"规模缩小，不会减轻税收负担，不会造成税收流失。因此，为了保护自己的隐私，如果个人不愿意与夫、与妻、与父、与母、与子、与女合并申报纳税，愿意以个人为纳税申报单位的，税法应予以支持。制定"家庭"确定原则的目的是对扩大"家庭"规模进行限制，以防纳税人通过扩大"家庭"规模进行避税。

（一）一般原则

"家庭"确定的一般原则是：以直系亲属及婚姻关系组成一个"家庭"；每个人只能出现在一个"家庭"中；夫妻双方的父母可以出现在同一个家庭中；已成年且不在各类全日制学校就读（或已婚）的兄弟姐妹不能出现在同一个"家庭"中；"家庭"成员不必居住在一起。

（二）例外原则

如果一个人的父母没有收入，可以将自己未成年的兄弟姐妹、已成年且在各类全日制学校就读的兄弟姐妹或有残疾的兄弟姐妹作为自己的"家庭"成员，其兄弟姐妹要出具"同意"的书面证明，这也就意味着，该纳税人需要

承担起对其兄弟姐妹的扶助义务。

一个"家庭"中如果有两对以上的夫妻，收入低的出具"同意"作为家庭成员的证明，收入高的夫妻作为主申报纳税人。也就是说，纳税申报的法律责任由家庭中收入最高的自然人承担。

三、家庭系数的确定

在以家庭为纳税申报单位的情况下，如果个人所得税税率表以家庭的总应税所得来设计，必然会造成家庭成员越多，其中取得收入者人数越多，税收负担越重的现象。为了既使税收负担公平合理，又使个人所得税制简明，应设置家庭系数。用家庭的总应税所得除以家庭系数得到的人均应税所得，以人均应税所得作为累进依据设置超额累进税率，可以解决以家庭为纳税申报单位可能存在的由于家庭成员多少适用税率不合理的问题。

计划生育政策是我国的基本国策，目前我国的计划生育政策是允许一对夫妻生育两个孩子。为了使我国的个人所得税制度与计划生育政策的调节方向一致，家庭系数确定的原则为：每个成年人记 1 的系数，未成年子女中符合计划生育政策的子女记 1 的系数，不符合计划生育政策的子女记 0 的系数。

之所以强调不符合计划生育政策的未成年子女不计算家庭系数，是为了避免某些富有的家庭中的父母违反我国的计划生育法规，却又在个人所得税缴纳中得到优惠——这种不合理现象的出现。这样使个人所得税法与计划生育政策的调节方向相同，不会因为超生子女可以计算系数，而使超生家庭获得税收方面的好处。

笔者以前曾设想对符合计划生育政策的第二个及以上的未成年子女设定较低的系数，主要考虑养育子女的边际成本与养育子女数呈逆相关。目前，我国全面实施"二孩"政策已有三年多的时间了，根据笔者所做的生育意愿调查的数据来看，有 54.8% 亦即一大半的被调查者在现行政策下，不愿意生育第二个孩子。绝大多数的夫妻愿意生育一个子女，相当多的夫妻不愿意生育第二个子女，为了使我国的"二孩"政策的意图得到切实落实，不再对未成年子女中符合计划生育政策的第二个及以上子女设定较低的系数，而是符合计划生育政策的子女的系数都为 1。

四、以家庭为纳税申报单位的优势

（一）符合中国传统文化和法律规定
中华民族有几世同堂、赡养老人、尊老爱幼的传统美德。我国的法律中也规定子女有赡养父母的义务。个人所得税以家庭为纳税申报单位，以家庭的人均应税所得为累进依据，设计超额累进税率，显得更具人性化，同时体现量能负担的税收公平原则。

（二）对家庭行为的调节是调节经济和社会行为的基本点

由于受传统文化的影响，我国的家庭观念根深蒂固，很多投资、消费行为是以家庭为单位进行的。重视家庭是符合我国主流价值观的，同时也符合建设和谐社会的目标；尽管离婚率近十几年来呈上升趋势，特别是年轻人，但家庭仍是社会的基本细胞。在很大程度上，人们的各种社会行为和经济行为仍是一种家庭行为，所以，调节经济和社会行为的基本点仍是对家庭行为的调节。

（三）体现税收的公平原则

社会贫富差距的扩大一般来说主要体现在家庭贫富差距的扩大上，要调节社会的贫富差距应该着重调节家庭的收入。以家庭为单位申报纳税的最大优点是可以根据家庭的综合负担能力进行征税，更能体现税收的公平原则。以家庭为单位申报纳税，能考虑到家庭成员的总所得、需要扶养和赡养的人口等具体情况，实现综合纳税能力相同的家庭缴纳同等水平的个人所得税。而以个人为单位申报纳税，比较难以综合考虑纳税人的家庭状况，所征税款可能不符合其实际纳税能力，无法体现税收的公平原则。

家庭是社会的基本细胞，家庭的人均应税所得与纳税人个人的应税所得相比更能全面反映家庭的纳税能力。因此，有必要以家庭的人均应税所得作为个人所得税税率的累进依据，以家庭为纳税申报单位代替以个人为纳税申报单位的征税方法。

有学者虽然认识到以家庭为单位申报纳税的诸多优点，但认为家庭规模直接影响到纳税义务的大小，不论是综合所得税制还是分类综合所得税制，会使抚养费的扣除变得复杂；认为以家庭为纳税申报单位会降低征管效率。所以不赞成以家庭为纳税申报单位[①]。其以美国为例，认为美国以家庭为纳税申报单位，使个人所得税制变得很复杂，曾经有位学者设计了一种家庭情况，然后将材料寄给不同的税务人员计算该家庭的应纳税额，结果反馈回来的应纳税额差别很大，最高与最低相差20倍。

美国的法律制度包括税收制度的复杂是举世闻名的，主要是其立法上尽量追求切合实际和公平合理所造成的。实际上，税制的复杂程度与纳税申报单位是个人还是家庭没有必然的联系，以个人为纳税申报单位，税制也可以相当复

---

① 静雅婷.关于完善我国个人所得税制度的探析［D］.天津：天津财经学院，2005.

杂；相反，以家庭为纳税申报单位，也可以使税制比以个人为纳税申报单位时的税制更简单。这关键是看税制的设计者的设计理念如何。笔者认为可以通过对税收制度构成要素的巧妙设计，来简化税制。所以笔者坚持个人所得税应该以家庭为纳税申报单位，自然，如前文所述，同时允许以个人为纳税申报单位。

（四）可以缓解我国日益突出的劳动力供需矛盾

目前，我国存在劳动力供求的结构性失衡现象。如一方面是许多大学毕业生难以找到工作，另一方面家政服务人员紧缺，特别是有较高服务水平的家政服务人员紧缺。数据显示，2016年广东高校毕业生初次就业平均月薪酬，研究生为6 223元，本科生为3 726元，专科生为2 849元①。但一般家政服务人员的工资比大学生的还高，如月嫂的月薪一般有9 000元，而到了春节期间，平均每天的工资超过1 000元②。大学毕业生多数是不愿意为了几千元的收入去当家政服务员的，但如果在自己的家里，为自己的家庭服务，报酬再低一些也无所谓。以家庭为纳税申报单位，加上合理的税率设计和减免税政策的设计，可以达到鼓励家庭中次要工作者离职回家，全身心地为自己的家庭服务。这儿并没有性别歧视的含义，家庭中单位小时工资率低的为次要工作者，可以是女性也可以是男性。这不啻为减轻整个社会就业压力的方法之一。社会提供家政服务是必要的，但现在有许多的年轻母亲在孩子还处于哺乳期时，就将孩子交给年迈的父母或保姆带，这对孩子的健康成长是弊多利少的。

中国人民公安大学的李玫瑾教授长期从事犯罪心理和青少年心理问题研究，曾对许多个案进行过详细调查。李玫瑾教授提出预防犯罪要从未成年人教育抓起，她认为父母亲自带孩子对孩子心理、生理的健康成长非常重要，她呼吁要给年轻的妈妈三年的育儿假。

如果可以以家庭为纳税单位，可能会使相当部分的年轻母亲不急于返回工作中，而是自己来带孩子，等孩子稍大一些再返回工作岗位。当然，这也需要我国的用工制度的改革——用工制度要有相当的弹性。以家庭为纳税申报单位，次要工作者离开工作岗位回家，可以使家庭生活质量提高，对子女的教育投入更多的精力和亲情，对于某些家庭来说，这是一种改善生活品质的一种有效的选择。

---

① 广东2016年高校毕业生平均工资3 383元，超8成在珠三角就业 ［EB/OL］.（2017-01-31）［2021-06-30］. http://finance.jrj.com.cn/2017/01/03153821919236. shtml

② 春节用工荒企业加薪发红包留人 月嫂工资翻三倍 ［EB/OL］.（2017-01-11）［2021-06-30］. http://cq.qq.com/a/20170111/007692. htm.

笔者坚信：从长远看，以家庭为纳税申报单位，次要工作者选择离职回家，是缓解我国日渐突出的劳动力供大于需的矛盾的重要出路之一。

（五）有助于缓解少子化和老龄化问题

在我国实行了几十年的独生子女政策后，我国已进入少子化和老龄化的时代，随之将产生许多问题。以个人为课税单位，家庭中的老人和儿童未在税法中受到重视，有老人要赡养和有子女要抚养的家庭的税收负担肯定要重于无老人要赡养和无子女要抚养的家庭的税收负担。

本书提供的个人所得税改革方案，以家庭为课税单位，可以很好地平衡各类不同规模家庭的税收负担。家庭中的老人，即使收入很低甚至没有收入，都不会遭到家人的嫌弃，因为老人的存在可以降低其税收负担；在目前允许生二孩的计划生育政策下，可能会有更多的家庭愿意生育二孩，因为多生一个孩子，可以减轻其税收负担，同时也不会有人愿意超生，因为超生并不能减轻其税收负担。

当然如果我国的人口政策发展到需要鼓励多生育的情况下，该个人所得税改革方案，只需将家庭系数改为家庭人数，即可天然地具有鼓励多生育的效果。所以，对于缓解少子化和老龄化有非常好的帮助。

第三节　我国个人所得税征收管理制度的完善

一、《个人所得税自行纳税申报办法（试行）》中存在的不足及其原因分析

为了配合高收入者的年度个人所得税纳税申报，也为了加强个人所得税的征收管理工作，维护纳税人的合法权益，国家税务总局根据个人所得税法及其实施条例、税收征收管理法及其实施细则和其他有关规定，制定了《个人所得税自行纳税申报办法（试行）》[①]，并于2006年11月6日公布实施。

《个人所得税自行纳税申报办法（试行）》的公布，为加强个人所得税征管，维护纳税人合法权益，起到了一定的积极作用，但该试行办法，还存在一个很大的不足，其不足之处就是其第七条的规定。

第七条的规定将个人所得税法第四条中规定的免税所得、个人所得税法实施条例第六条和第二十五条规定的可以免税的各项所得都排除在计算年所得12万元的标准之外了。

---

① 参见国税发〔2006〕162号文。

这一排除，带来的消极作用有：一是缩小了需要申报纳税的纳税人的数量；二是由于有相当多的免税所得项目不必申报，不利于税务机关全面掌握较高收入者的收入情况及较高收入者的收入变化趋势；三是虽然税务机关花费了大量的精力来处理较高收入者的纳税申报工作，但因此得不到全面的资料，工作效益会大打折扣，不利于为下一步的个人所得税的税制改革和征管改革提供数据资料和征管经验。

二、《个人所得税自行纳税申报办法（试行）》的修改建议

笔者认为，在不确定纳税人的年所得是否有12万元时，应将纳税人的各项所得，不论是否为免税所得，也不论是否已足额缴纳了个人所得税，都包含其中。同时，应要求他们对自己的所有所得都进行申报。这样做的好处是：一是便于纳税人自我确定自己是否为年所得为12万元者，二是便于税务机关全面掌握纳税人的收入状况，三是经过多年的建档积累，也可以为以后个人所得税制从分类所得税制向分类综合所得税制的转换提供数据资料，甚至可以为遗产与赠与税的开征做一些准备。

对《个人所得税自行纳税申报办法（试行）》的修改建议是：

（1）修改第三条的第一款。在"年所得12万元以上的纳税人"之后增加"无论取得的各项所得是否为免税所得，也"的文字。

（2）删去第七条。

三、笔者设计的个人所得税制的征管制度

笔者设计的个人所得税仍采取源泉扣缴与自行申报相结合的征收办法。

（一）税款缴纳

1. 代扣代缴

工资薪金、稿酬、劳务报酬等由单位或雇主支付的所得采取代扣代缴的方式，预扣个人所得税。扣缴义务人应当在下个月15日内按照规定向税务机关办理全员全额扣缴申报，并将所扣的税款缴入国库。

税法应要求，每一企业、事业单位、国家机关以及有雇工的个体经营者都应在纳税年度结束后的30日内向其雇员开具所发放的工资薪金数额及所扣缴的个人所得税税额的凭证，作为雇员家庭年终申报个人所得税的附件。

2. 预缴

生产经营所得、财产转让所得和财产租赁所得等采取纳税义务人自行申报预缴的方式。纳税人应当在每月的15日内将上月的所得应预缴的税款，向税

务机关报送预缴所得税申报表，并缴入国库。

3. 年终自行申报缴纳税款

纳税年度个人所得超过规定标准的纳税义务人，应当在纳税年度终了后三个月内汇算清缴，多退少补。未超过规定标准的纳税人如果决定办理年终纳税申报，也应当在纳税年度终了后三个月内汇算清缴，多退少补。

4. 年终退税

对于年终自行申报的纳税人，如果税务机关经过审查其上一年度预缴税额和被源泉扣缴的税额确实超过其应缴纳的个人所得税，应给予退税，不需纳税人办理任何手续，向纳税人指定的账户打入应予退税的税款。

（二）纳税地点

纳税地点沿用现行个人所得税纳税地点的规定即可。

（三）违章处理

对于按税法规定应该自行申报纳税的纳税人不申报、逾期申报或错误申报的要罚款，罚款比率视情形严重程度及违章频率而定，见表8-1。

表 8-1　罚款比率

	错误申报或未申报的类型	罚款率（罚款额/少缴的税额）
A	非纳税人原因的错误申报或未申报	0
B	无逃税意图的错误申报或未申报： 第一次违章 第二次违章 第三次违章 第四次及以上违章	10% 20% 30% 参照情形 C
C	有逃税意向的错误申报或未申报： 第一次违章 第二次违章 第三次违章	50% 100% 200%

第四节　个人所得税征收管理的配套措施

一、强化代扣代缴制度

目前我国个人所得税的征收采取源泉扣缴与自行申报相结合的方式。

赵岚（2001）提出建立双向申报制度，个人所得税的扣缴义务人和纳税人对同一笔所得都要分别向税务机关进行申报，以利于税务机关进行交叉审核、强化对税源的监控。

笔者认为，"双向申报制度"虽然有利于征管，但在自行申报制度没有得到广泛应用的情况下成本太高。而笔者设计的个人所得税制，实行交叉型分类综合所得税模式，不需建立所谓的"双向申报制度"，只需强化代扣代缴制度。在相应的法律中规定全国统一的代扣代缴办法，明确规定代扣代缴单位的法律责任，包括代扣代缴的义务、范围、扣缴凭证、程序、与税务部门之间的纳税资料和信息的传递以及奖惩措施等，推行全员全额扣缴明细申报。对依法履行扣缴税款义务的单位要予以奖励，对不依法履行扣缴税款义务的单位要追究责任，尤其对阻挠财会人员履行扣缴义务的领导和个人要严肃处理。

自行申报纳税对政府而言，有利于降低征税成本，培养公众的纳税意识；对纳税人而言，通过进行纳税申报，能够维护自身的合法权益，所以，自行申报纳税是一种有效的征管方式。为了节约征纳成本，税法应对必须进行年终纳税申报的纳税人给予规定，不必要求每一个纳税人都进行年终纳税申报，只要求年所得总额在规定标准以上的纳税人进行年终纳税申报。

二、个人所得税纳税人的身份识别可以采用纳税人的身份证号码

根据世界各国的成功经验，在涉税事务中强制使用纳税人识别号，是税收征管科学化、规范化和监控税源的有效手段。

一些冒名顶替考学等事件，事件发生后的数年间冒名者与被冒名者均相安无事（因为被冒名者不知情），而在公安机关管理数据联网的情况下，已逐步暴露出来了。我国的身份证号码是在个人出生后，家人给上户口时就获得的，所以，税务机关可以将我国公民的身份证号码作为个人所得税的纳税人识别号，不需要另外搞一套。对于非本国公民，可以要求其在入境后的一定时间内，向我国税务机关申请纳税人识别号。要求扣缴义务人在向个人支付款项时，必须查验该人的身份证或护照，并登记其身份证号码或纳税人识别号于个人所得税扣缴申报表。

个人从事各种活动的收入信息，均在其纳税人识别号或身份证号下进行。结合个人财产登记制度，规定个人在进行债券、股票交易、存取款、办理税务登记、申报纳税时均需登记个人的纳税人识别号或身份证号，这些信息最终将从证券交易所、银行、邮局、企业和政府各部门等处汇集到税务机关，通过计算机网络进行集中处理，税务机关能准确地掌握纳税人的各项所得情况。纳税人在进行年终纳税申报时，必须填写作为纳税申报单位的家庭中的每一成员的

身份证号码或纳税人识别号，以便税务机关能够交叉审核。

截至 2016 年 5 月底，中国人民银行组织全国金融机构建设的征信系统——"金融信用信息基础数据库"已收录了近 9 亿自然人的信用信息。该数据库收集来自企业和个人的各个方面信息，其服务网络覆盖全国。近些年来，中国人民银行与政府各部门开展信息共享，对一些重点领域和严重的失信行为实施协同监管和联合惩戒。建设部的个人住房公积金信息、环境保护部的环境执法信息、人力资源和社会保障部的社会保险信息、国家税务总局的重大税收违法行为人信息以及最高人民法院的失信被执行人名单信息等在近几年陆续纳入该数据库①。

中国人民银行与政府部门开展的信息共享、对失信行为的协同监管和联合惩戒，可以促使纳税人依法纳税，减少偷逃税现象，使个人所得税的征收管理更加有效。

三、推进税务代理工作

偷逃税存在的原因，一是纳税人为追求私利故意为之，二是纳税人不懂税法而又缺乏便捷的税务咨询途径。实行交叉型分类综合所得税制，个人的纳税申报需要不断地强化，数量也会不断增多。税务代理人作为中介可以在税务机关和纳税人的关系中起到一个缓冲作用，一方面对纳税人做一些税法的宣传解释工作，维护纳税人的合法利益，协助纳税人依法纳税。另一方面，税务代理人的参与使得纳税申报表中的错误大大减少，提高纳税申报质量，减轻税务机关对纳税申报表的审核压力。所以，加强税务代理工作对提高个人所得税的征管水平作用重大。

随着公众纳税意识的提高、交叉型分类综合所得税制的实施及税收征管水平的提高，公众对税务代理的需求会增加。随着税收制度、政策的不断调整，税务代理人员需要持续地更新知识，提高税务代理业务能力。税务代理的社会需求旺盛，使税务代理人员能在执业中获得丰厚收益，吸引更多的人才加入；行业人才充足，自由竞争充分，加上税务机关的指导和监督，必然会使税务代理水平显著提高。税务代理水平的提高，使委托人获得更大利益，从而进一步促进对税务代理的需求，形成税务代理的良性循环。

国家税务总局对税务代理业务应加强指导和监督，各级注册税务师协会应加强对税务代理机构和代理人员的业务培训和监管工作。

---

① 杨子强. 推进金融信用信息基础数据库建设 ［N］. 人民日报，2016-08-10（10）.

四、实施个人财产实名登记制度

个人收入与个人财产有着密切的相关性,个人的税后收入除了消费之外,要么用于储蓄、投资,要么购置财产。目前银行开户、储蓄已经要求实名制了,纳税人购置商铺、住房、汽车、游艇、证券、股票等财产也应该实行实名登记制度。实行财产的实名登记制度,一方面可以起到遏制贪污、腐败的作用,另一方面有利于个人所得税的征管。在实行财产的实名登记制度的情况下,纳税人家庭一年的新增财产加上其投资、储蓄及估算的消费额应该是其估算的税后收入,税务机关可将此数据与纳税人的申报信息相比较,以判断纳税人纳税申报的真实性。

五、大力推进税收信息化建设

如何全面准确地获得纳税人的各种所得信息是个人所得税征管的一大难题。纳税人收入形式、来源和取得的方式多样化,使得税务机关难以全面准确地掌握纳税人的所得情况。个人所得税征管的工作量大是其第二大难题。个人所得税的纳税人数量众多,涉及千家万户,目前几乎涵盖所有的城镇居民,未来或许涉及所有的城乡居民。第一大难题是由于信息不对称造成的,纳税人对自己的所得情况明显占据信息优势,税务机关对纳税人的隐性收入难以掌握并准确稽核,这是当前我国个人所得税偷逃税的重要"外在诱因",并使偷逃税得以成功实施,目前工资薪金等显性所得成为我国个人所得税的主要来源的根本原因也在于此。

为了全面准确地获得纳税人的所得信息,实行交叉型分类综合所得税制,必须采用现代化的所得信息搜集手段,实现对收入监控和数据处理的计算机化。美国运用庞大的计算机网络系统进行税收申报、税款交割、档案管理、税源分析等工作,征管效率很高,值得我们借鉴学习。目前,我国计算机使用已非常普遍,网络化程度也比较高,特别是智能手机的普遍使用,大大提高了移动网络的普及。

金税三期工程已在全国税务系统平稳运行,实现了税务计算机应用系统在全国范围内的统一和税收征管数据的集中,北京数据中心建成并投入使用,这使整个税务系统的信息化管理发生了根本性变化。国家税务总局利用全国统一的税务计算机应用系统,整合系统之间的数据,并探索形成一体化的顶层数据格局,推动资源整合,推进税收数据的开放共享,不断提升治理能力。原来国家税务总局仅能依赖税务端数据进行分析,金税三期工程上线运行后,国家税务总局还可以利用企业端数据、第三方数据、互联网数据进行分析，为税收工作决策提供大数据支撑。国家税务总局建立了完善的税务数据治理的工作机制，包括数据的需求管理、质量监控和征管效能监控等方面，实施数据整个生命周期的全环节管控。国家税务总局利用税收大数据，开展"三位一体"（包括运行分析、税负分析、效应分析）的大分析，在核算方法、技术路径等方面实现传统税收分析的重构，为税收工作提供决策方向。为实现信息共享，协同推进信息共享机制建设，国家税务总局已与多个政府部门签署了有关合作协议。各省（自治区、直辖市）的人民代表大会或其常务委员会先后通过了各自的税收保障条例，为建立协税护税网络、涉税信息共享提供了制度保障①。

六、加强对较高收入者的收入监控

较高收入者是指按个人所得税税法规定，需要年终进行个人所得税纳税申报者。在年终纳税人申报的基础上，建立较高收入者纳税人档案。加快采用现代化的所得信息搜集手段，实现对较高收入者的收入监控和数据处理的计算机化，建立代扣缴、预缴、年终申报、检查等征管全过程的纳税系统，通过税务机关内部各部门间的配合，全面掌握个人所得来源。提高对高收入者的稽查概率，尤其是检查有不良记录的高收入者。通过提高选案准确率、稽查发现率提高不遵从的纳税人被稽查到的概率，再通过加大对逃税者进行曝光的力度及对构成犯罪者刑事责任的追究力度，增加违法者的社会成本，提高纳税遵从度。

七、将个人所得税划归中央税种

将个人所得税划归中央税收的优势有：

（一）有利于个人所得税调节功能的发挥，贫富差距的缩小

个人所得税归地方财政支配，直接导致的一个后果是：发达地区的个人收入水平高，相应的个人所得税收入也多；与此相反，广大的不发达地区由于个人收入水平低，相应的个人所得税收入也就比发达地区低得多。富裕地区的政府可能会抬高一些税前扣除标准、税务部门会不尽力征收个人所得税，实行"藏富于民"的政策，而贫困地区为保税收、保任务而竭尽一切可能去征收个人所得税。这样，一个恶性循环就形成了"贫者愈贫，富者愈富"。并且，随着今后我国个人所得税收入的不断增长，这个问题将而日益暴露、突显出来。

---

① 国家税务总局办公厅. 2016·税收改革攻坚这一年：绘蓝图——"云时代"展现智慧税务靓丽风采. http://www.chinatax.gov.cn/n810219/n810724/c2423656/content.html.

若任其发展下去，势必进一步拉大发达地区与不发达地区之间的差距，这不仅对不发达地区是不公平的，而且也不利于中央西部大开发战略的顺利贯彻与实施，结果将严重地影响国民经济的协调发展。

将个人所得税划归中央政府就不同了，中央政府就可以运用这笔税收收入，加大对不发达地区的转移支付力度，从而有力地促进不发达地区的经济发展，促进东、西部之间经济的和谐发展。

（二）这是实行交叉型分类综合所得税制的要求

实行交叉型分类综合所得税制要求不同来源的所得要综合起来纳税。对于有多种所得来源的纳税人来说，其所得来源很可能跨地区或者跨省份。如果个人所得税归属地方，各地方税务机关征收，很可能为了争抢税源，地方税务机关之间相互竞争而产生"引税工程"等现象。同时，由于税收利益矛盾驱使，地方税务局之间的协调、配合不会积极，可能会出现地区之间的"税收真空"，造成个人所得税税款的流失。

将个人所得税划归为中央税，这一问题将不复存在。

（三）符合个人所得税改革的总体趋势

西方市场经济国家的通行做法和实践经验，对我们具有一定的借鉴意义。在理论上，西方税收学说大都主张个人所得税应属于中央税。在多数现代国家中，税收都是财政收入的主要形式，将所得税划归中央，更能发挥规模经济的效应，从而使征管效率更高。而且将个人所得税划归中央，也符合中央实施宏观调控的需要。个人所得税收入随经济形势的波动而起伏，也是脆弱的地方财政所难以承受的。

在实践上，主要发达国家，如美国、日本等，都基本遵循了这一原则，并且也收到了比较理想的效果。虽说美国的联邦、州和地方三级政府都开征个人所得税，但个人所得税法是联邦政府制定的，州和地方政府是在联邦政府征收个人所得税的基础上进行附加征收。日本的个人所得税，则完全属于中央税。所以，对于这种已被实践检验并带有市场经济共性特征的做法，我们可以批判地吸收、借鉴，以加速我国个人所得税制的改革与完善。

七、建立离境清税制度

虽然，在1996年，国家税务总局、公安部印发了《阻止欠税人出境实施办法》，其中规定：未按规定结清应纳税款又未提供纳税担保的欠税人……，税务机关可函请公安机关阻止其出境①。为了认真贯彻该办法，国家税务总局随后又颁布了一个文件《关于认真贯彻执行阻止欠税人出境实施办法的通知》②。2001年全国人大通过的《税收征收管理法》中规定："欠缴税款的纳税人或者他的法定代表人需要出境的……未结清税款、滞纳金……，税务机关可以通知出境管理机关阻止其出境。"③ 2002年国务院发布的《税收征收管理法实施细则》中规定："欠缴税款的纳税人或者其法定代表人在出境前未按照规定结清应纳税款、滞纳金……，税务机关可以通知出入境管理机关阻止其出境……"④ 以上法律法规所指的欠缴的纳税人多是单位纳税人。但是由于现行的个人所得税是分类所得税制，税款多由支付单位代扣代缴，个人所得税法没有规定出境人员离境前，必须到主管税务机关办理个人所得税的清缴税款手续，也没有其他相关法律规定出入境管理机关办理签证离境手续必须查验税务机关出具的完税证明。因此公安机关并不知道出境人员是否有欠税，税务机关也不知道哪些欠税人员要出境，偷逃个人所得税者仍可以逍遥自在地出境，跑了"和尚"也跑了税，尤其是临时来华的劳务人员，一旦取得所得不纳税就出境后，税款很难追缴。

在前面提到的措施"将纳税人的身份证号码作为个人所得税纳税人的识别标志"得到落实的情况下，税务机关与公安机关联网，纳税人的身份证号码就是个人所得税纳税人的识别号（非本国公民是与其护照相关联的纳税人识别号）。要做好离境清税工作，实现出境人员出境前对纳税事宜的"汇算清缴"。建议国家税务总局将《阻止欠税人出境实施办法》修改完善为《出境人员离境前税收清缴办法》，主要应增加两条措施：第一，确保出境人员必须通过汇算清缴，经税务机关确认没有涉税违章事宜，经税务机关的证明才能办理离境手续，避免因纳税人未缴清税款而离境，给税款的追缴工作带来重重困难；第二，增加与国家外汇管理部门相互协作的条款，确保各银行见到税务机关的证明，才能审批外汇出境手续，从而建立税务、公安、外汇等部门相互协作的反偷逃税网络制度。

2018年修正的个人所得税法第十三条中规定"纳税人因移居境外注销中国户籍的，应当在注销中国户籍前办理税款清算。"比以前有了进步，但目前国务院、国家税务总局还都没有出台具体的清算办法。

---

① 见国税发〔1996〕215号文。
② 见国税发〔1996〕216号文。
③ 见《税收征收管理法》第四十四条。
④ 见《税收征收管理法实施细则》第七十四条。

金税三期最突出的创新在于实现了税务机关与其他部门的联网。也就是说，政府各部门信息数据共享的时代到来了。金税工程系统应用覆盖所有税种、所有环节和所有税务机关；金税三期为实时监控全国的征管数据、优化纳税服务提供了信息技术支撑。应用金税三期工程推进税收征管、纳税服务，规范了税收执法行为。依托互联网大数据，国家税务总局通过人工建模、系统自动取数，不断深化金税三期工程的增值应用，形成以风险管理为导向的税源专业化管理格局。偷逃欠税的纳税人将由于联合惩戒，会在各种社会活动中受到限制，感觉到不诚信纳税对自己的不利①。

如果像国家税务总局所言，金税工程能实现统一的技术基础平台；应用系统能覆盖到全国所有税务机关、税种和征管环节；能在总局、省局两级进行数据信息处理；能实时监控全国的征管数据，为纳税服务、税收执法和征管质量提供统一的信息技术支撑，那么，笔者设计的交叉型分类综合个人所得税就能顺利地实施。

---

① 国家税务总局办公厅. 打好金税攻坚战　信息管税谱新篇——2015年税收风景回头看系列报道之十 [EB/OL]. http://www.chinatax.gov.cn/n810219/n810724/c1984412/content.html

第九章 交叉型分类综合个人所得税制的设计

　　个人所得税税制模式的选择，在客观上会受到个人所得税地位的影响，我国的个人所得税收入占税收总收入的比重近年来不断上升，2018 年达到 8.87%①，为历史最高水平。我国的个人所得税收入占税收总收入的比重较小，税制模式的选择原则应是简便易行。这关系到税务部门征管力量分配的问题，更关系到征税成本的问题。

　　从制度的简明和征管便利角度出发，结合我国当前的税收征管水平，笔者认为应实行交叉型分类综合所得税制模式，体现综合所得税制和分类所得税制优势互补的特性。

　　具体做法是：与现行的分类所得税制相类似，对勤劳所得规定生计扣除标准，对非勤劳所得不规定生计扣除标准，不同种类的所得规定不同的适用税率。要求各单位在支付个人各项所得时，先分类源泉扣缴，并向税务机关进行全员扣缴个人所得税的申报。对于没有依法进行个人所得税扣缴义务的单位，要按照《中华人民共和国税收征收管理法》给予处罚，同时规定：年所得额达到一定数额的个人年终必须进行纳税申报。对于年终申报纳税的纳税人，考虑赡养、抚养人口，综合扣除生计费用，按照统一的超额累进税率计算应纳税额。源泉扣缴、预缴的税款可以在年终申报纳税时从计算的总的应纳税额中扣除，即实行多退少补的征税办法。

　　为了使更多的个人愿意进行年终申报纳税，对勤劳所得分类源泉扣缴时规定的生计扣除标准要低于年终申报综合扣除的生计标准，对非勤劳所得分类源泉扣缴时规定不扣除生计费用，这样使得多数纳税人在年终申报纳税时，可以获得或多或少的退税，以此提高纳税人年终申报纳税的积极性。

　　该模式还应该同时规定：年所得额达到一定数额的个人必须进行年终纳税

---

① 此数据根据国家统计局网站上的统计数据计算得出。

申报。这样可以堵住由于分类扣缴、预缴的总税额低于综合申报时的应纳税额，纳税人不进行年终纳税申报，而减少国家的财政收入的漏洞。年所得额没有超过规定标准的个人可以选择进行年终纳税申报和汇算清缴。这样整个税制是符合量能负担原则的，可以起到调节收入分配差距的作用。同时，由于不要求所有的纳税人都进行年终纳税申报和汇算清缴，又可以减轻税务机关进行稽核的工作量。

不强制年所得额没有超过规定标准的个人进行年终纳税申报，并不会怎么影响个人所得税的收入，因为这些人的收入来源主要是工资薪金所得，而工资薪金所得在各月之间是比较平均的，其源泉扣缴时适用的税率和加总的年应纳税所得额适用的税率基本上一致，即便进行年终纳税申报，要退或要补的税款也微乎其微。月工薪收入波动比较大的中低收入者，可以选择年终纳税申报，要求税务机关予以退税。

第一节　交叉型分类综合个人所得税分类征收制度的设计

因为绝大多数人有工资薪金所得，大多数人的主要所得项目是工资薪金所得。所以，在交叉型分类综合个人所得税分类征收制度中，只有工资薪金所得规定有生计费用扣除标准，其他所得没有生计费用扣除标准，即其他所得按纯所得来进行计税。这样一方面，将部分只有工资薪金所得的低收入者排除在个人所得税扣缴范围之外，因为低收入者其主要所得往往就是工资所得，如果其工资所得没有被扣缴个人所得税，其就没有负担多少个人所得税了。另一方面，由于预缴税款时工资薪金所得有生计扣除标准，扣缴的税款不致过多，可减轻税务机关在年终给纳税人退税的压力。

一、分类征收时的费用扣除标准

考虑到当前的工资薪金水平、物价水平，建议工资薪金所得的生计扣除标准调整为每月 6 000 元，即在各单位和各雇主扣缴员工的工资薪金所得的应纳税额时，从每人每月工资薪金收入中扣除 6 000 元后，按其余额查税率表计算应纳税。

生产经营、财产租赁和财产转让这三项所得都按其纯所得作为应纳税所得额计算应预缴的税款。生产经营所得的纯所得可以按照国家税务总局 2014 年发布的《个体工商户个人所得税计税办法》中所规定的"计税基本规定""扣除项目及标准"进行计算①,但建议修改其中第二十一条的第三款,业主给自己发放的工资也可以计入生产经营成本,也可以扣除,但必须按工资薪金所得先预扣缴个人所得税。财产转让所得的纯所得等于财产转让收入扣除被转让财产的净值和合理费用、税金。财产租赁所得的纯所得等于财产租赁收入扣除被出租财产的折旧费、维修费和其他有关费用及税金。

除了上述所得之外的其他所得,一律不允许扣除任何费用,即一律按收入额预扣、预缴税款。

二、分类征收时的税率

考虑到现行的"全年一次性奖金的税收政策"允许将全年一次性奖金除以 12 来确定税率,为了不使新设计的个人所得税制增加纳税人的税收负担,建议工资薪金所得适用的税率表要扩大级距,特别是第一、二、三级的级距,将最高边际税率设为 35%,即适用 3%~35% 的 6 级超额累进税率,改变原来前三级税率增加迅速的缺点,相邻级税率增加幅度分别为 5、6、6、7、8 个百分点,具体的工资薪金所得个人所得税预扣税率表见表 9-1 及表 9-2。

表 9-1 工资薪金所得预扣个人所得税税率表

级数	月应纳税所得额	税率/%	速算扣除数/元
1	未超过 4 000 元的部分	3	0
2	超过 4 000 元未超过 20 000 元的部分	8	200
3	超过 20 000 元未超过 60 000 元的部分	14	1 400
4	超过 60 000 元未超过 100 000 元的部分	20	5 000
5	超过 100 000 元未超过 200 000 元的部分	27	12 000
6	超过 200 000 元的部分	35	28 000

注:月应纳税所得额=月工资薪金收入-6 000 元。

表 9-2 工资薪金收入预扣缴个人所得税税率表

级数	月工资薪金收入额	税率/%	速算扣除数/元
0	未超过 6 000 元的部分	0	0

---

① 参见国家税务总局令 2014 年第 35 号文。

表9-2(续)

级数	月工资薪金收入额	税率/%	速算扣除数/元
1	超过6 000元未超过10 000元的部分	3	180
2	超过10 000元未超过26 000元的部分	8	680
3	超过26 000元未超过66 000元的部分	14	2 240
4	超过66 000元未超过106 000元的部分	20	6 200
5	超过106 000元元未超过206 000元的部分	27	13 620
6	超过206 000元的部分	35	30 100

表9-1与表9-2是等价的,适用表9-1时,需先从纳税人工资薪金收入中扣除6 000元,再按公式计算应预扣的个人所得税税额;适用表9-2时,可直接用纳税人工资薪金收入额来计算应预扣的个人所得税税额。

如某人的月工资薪金收入为63 000元,单位预扣缴他的个人所得税可以采用两种方法计算。

第一种方法:按表9-1计算,先计算出应纳税所得额,再计算出应纳税额。

应纳税所得额=63 000-6 000=57 000(元)

应纳税额=57 000×14%-1 400=6 580(元)

第二种方法:按表9-2计算,可以直接计算出应纳税额。

应纳税额=63 000×14%-2 240=6 580(元)

因为表9-1、表9-2是对工资薪金所得计算预扣税款适用,预扣税款并不是纳税人的最终税收负担,单位或雇主不可能替纳税人缴纳税款,所以不需要设计"不含税级距"税率表。

为了发挥小型企业在促进社会就业、推动经济发展等方面的积极作用,我国目前对符合条件的小型微利企业,在企业所得税法规定的20%税率的基础上,再减半征税,其实际税率相当于10%。个体工商户、个人独资企业实际上也发挥着与小型企业相同的作用,为了与企业所得税法相衔接,在预缴税款时,生产经营所得适用10%的比例税率。

除了上述两类所得之外,扣缴义务人在扣缴其他项目所得的税款时,或纳税人预缴其他项目所得的税款时,均适用15%的比例税率。

上述税率表和10%、15%的比例税率仅是预扣、预缴时暂时的税负水平。纳税人家庭的总所得水平及成员构成等情况决定着其最终的税收负担情况。

三、分类征收时应纳税额的计算

（一）工资薪金所得应纳税额的计算

支付工资薪金的各单位、雇主在每月支付工资薪金时，先从每一位雇员的工资薪金收入中减掉6 000元，就其余额即月应纳税所得额按表9-1确定适用的税率和速算扣除数，计算应预扣缴的个人所得税。或者直接按每一位雇员的工资薪金收入查表9-2确定适用的税率和速算扣除数，计算应预扣缴的个人所得税。因为预扣缴税款是各单位、雇主应尽的法定义务，其预扣缴的税款不是纳税人的最终税收负担，不需要支付扣缴者任何手续费。

月应纳税所得额=月工资薪金收入额-6 000元

月应预扣税额=月应纳税所得额×税率-速算扣除数

（按表9-1查找适用的税率和速算扣除数）

或者

月应预扣税额=月工资薪金收入额×税率-速算扣除数

（按表9-2查找适用的税率和速算扣除数）

（二）生产经营所得应纳税额的计算

这里的生产经营所得仅指从事个体经营取得的所得、个人独资企业取得的所得和合伙企业的个人投资者按投资份额应分得的合伙企业的所得，不包括个人独资公司的生产经营所得。个人独资公司应缴纳企业所得税，个人从个人独资公司提取税后利润时，才就提取的税后利润缴纳个人所得税。

独资企业、合伙企业的生产经营所得以企业为单位进行计算每月预缴个人所得税时，而不将生产经营所得分配到个人名下。

本年累计应纳税所得额=本年累计收入总额-本年累计准予扣除项目金额

或者

本年累计应纳税所得额=本年累计利润总额±本年累计调整项目金额

本月应纳税所得额=本年累计应纳税所得额-上月本年累计应纳税所得额

本月预缴税额=本月应纳税所得额×10%

纳税年度结束，企业将上一年度内总的应纳税所得额和已预缴的税款，分配给各个投资者，由各个投资者分别申报缴纳各自的个人所得税。

（三）财产租赁所得和财产转让所得应纳税额的计算

财产租赁所得和财产转让所得，由出租财产者和转让财产者在取得出租收入和转让收入时，预缴所得税。

财产租赁应纳税所得额=财产租赁收入-出租财产的折旧-出租财产的维修

费-其他有关费用-非所得税税金

预缴税额＝财产租赁应纳税所得额×15%

财产转让应纳税所得额＝财产转让收入-财产净值-合理费用-非所得税税金

预缴税额＝财产转让应纳税所得额×15%

（四）其他所得应纳税额的计算

预扣税额＝支付给个人的金额×15%

第二节　交叉型分类综合个人所得税综合征收制度的设计

个人所得税的综合征收制度，是就个人全部所得项目纯所得的总额，扣除纳税人及其赡养、抚养人的生计扣除标准后的综合所得净额计征。量能课税是综合征收制度的基本原则，综合加总个人（家庭）全年各类所得项目纯所得，扣除纳税人及其赡养、抚养人的生计扣除标准后的综合所得净额，该综合所得净额再除以家庭人数得到人均综合所得净额，人均综合所得净额可以衡量纳税人的纳税能力，以此为个人所得税的累进征税依据能使税负公平合理。

一、综合征收的所得项目

综合征收的所得项目包括个人取得的所有种类的所得。

（1）工资薪金所得：凡是因任职或者受雇而取得的所得。

（2）经营（或营利）所得：公司股东所获分配的股利总额（折算为交纳公司所得税前的应纳税所得额）、合作社社员所获分配的盈余总额、合伙组织营利事业的合伙人每年度应分配的盈余总额、独资企业主每年自其独资经营事业所得的盈余总额、个人一时贸易的盈余及从事个体经营、独资企业经营和合伙企业经营取得的生产经营所得。

（3）劳务所得：个人从事各种服务以及其他劳务取得的所得。

（4）稿酬所得：个人因其作品以各种形式出版、发表而取得的所得。

（5）特许权所得：个人提供或转让商标权、著作权、专利权、非专利权以及其他特许权而取得的所得。

（6）利息所得：个人因拥有债权而取得的所得，如存款、贷款和债券的利息。

（7）财产租赁所得：个人出租各种财产，如机器设备、车辆、建筑物、土地使用权及其他财产取得的所得。

（8）财产转让所得：个人转让各种财产取得的所得。按财产持有的年限，纳税人可以将财产转让所得分数年进行综合所得纳税申报，同时该项所得的预缴税款也要相应地分数年在综合所得纳税申报的应纳税额中扣除。每年应进行综合所得纳税申报的财产转让所得，应按下列公式计算：

$$每年应进行综合所得纳税申报的财产转让所得 = \frac{财产转让所得}{转让财产持有的年限}$$

被转让财产持有时间不超过一年的，就一次性进行综合所得纳税申报。被转让财产持有时间超过一年的，允许纳税人选择将财产转让所得一次性进行综合所得纳税申报。

（9）其他所得。其他所得是指不属于上列各类所得的所有所得。

二、准予从收入总额中扣除的项目

（一）成本及必要费用的扣除

个人所得税只能对纳税人或纳税人家庭的纯所得征税，成本及必要费用是指纳税人为获取所得所必须支付的成本及必要费用。这部分扣除采取"实报实扣"的原则，纳税人需提供合法有效的凭证证明该费用支出是真实发生的，包括个人基于工作需要而发生的交通费、必须购买的机器或设备如计算机以及支付给雇员的工资、差旅费、利息费、律师费、保险费等。成本及必要费用是用于弥补工作成本的，所以不应当被课税。

（二）生计费用的扣除

为了保证纳税人及其家庭的基本生活，许多国家的个人所得税法都对生计费用的扣除进行了规定。除了某些项目可以据实扣除外，还规定了免征额。但免征额规定得一般都不高，需要根据纳税人本人及赡养对象的不同情况，进行区别对待，所以规定得比较具体也比较复杂。

如，2013年我国台湾地区个人所得税规定的免征额为全年每人85 000元新台币，免征额是对纳税义务人、其配偶及抚养的亲属每人给予的一定金额减免。纳税义务人按规定减除下列免征额①：

（1）纳税人及其配偶年满60岁或无谋生能力受纳税人赡养的直系亲属，其年满70岁受纳税人赡养者，增加50%的免征额。

（2）未满20岁或20岁以上因在校就学、身心残障或因无谋生能力而受纳

---

① 马伟，张海波. 台湾地区税收制度 [M]. 北京：当代中国出版社，2014：64.

税人抚养的子女。

（3）纳税人及其配偶的未满20岁或20岁以上因在校就学、身心残障或因无谋生能力的同胞兄弟姊妹，受纳税人抚养的。

（4）纳税人符合民事有关规定的其他亲属或家属，未满20岁或60岁以上无谋生能力，确系受纳税义务人抚养者。

笔者建议实行的交叉型分类综合个人所得税，家庭成员每人都有一个生计费用扣除额，超额累进税率又是按家庭人均应纳税所得额作为累进依据设计的，所以没有必要再按纳税人赡养、抚养对象的不同情况来确定免征额了。

如果近年能开始实施交叉型分类综合个人所得税，每人每年生计费用扣除额为 56 000 元①，如果数年后开始实施，应按消费价格指数上涨情况进行调整。

（三）公益性捐赠的扣除

为了鼓励人们的善行，对于纳税人的公益性捐赠，应给予免税。许多国家对于慈善性捐赠免税，但也有许多国家对这种免税又加了一定的限制。

公益性捐赠既是一种自发性的社会财富再分配，又是弥补政府职能不足的一种重要手段，同时也能起到缩小贫富差距的作用。为慈善事业捐款的行为与政府先征税然后将税款用于社会福利事业殊途同归，并且直接捐款给慈善事业减少了中间环节，降低了政府的管理成本，所以，政府应该大力提倡和鼓励公益性捐赠。

如果在税法上对公益性捐款设置税前扣除限额，则意味着对超过扣除限额的公益性捐款还要征税，这显然有悖情理。在某些情况下捐赠人捐款后的剩余收入不足以缴纳全部税款，这就让人难以理解了。例如，某个人将自己某月财产租赁收入 22 000 元中的 20 000 元捐赠给慈善机构，剩余收入为 2 000 元，按现行《个人所得税法》第六条中的规定："个人将其所得对教育、扶贫、济困等公益慈善事业进行捐赠，捐赠额未超过纳税人申报的应纳税所得额百分之三十的部分，可以从其应纳税所得额中扣除"，他要缴纳的个人所得税税额为：22 000×（1-20%）×（1-30%）×20% = 2 464（元），这意味着该纳税人即使将全部剩余收入用于缴纳税额仍然不够，还要欠税 464 元。

所以，笔者认为，对于纳税人的公益性捐赠，税法不应设置扣除限额。对于纳税人的公益性货币捐赠，允许全额扣除；为了防止纳税人借公益性捐赠偷逃个人所得税，非货币性的公益性捐赠，捐赠物品由拍卖公司拍卖，拍卖所得

---

① 见第六章的论述。

扣除拍卖费用后以实际交到受赠的非营利机构的款项为捐赠款，允许全额扣除。不由拍卖公司拍卖的非货币性捐赠可不允许扣除。

（四）各种损失扣除

（1）财产交易损失：纳税人及其家庭的财产交易损失，以当年度申报的财产交易的所得为扣除限额，不得在当年的其他所得扣除；当年度没有其他财产交易所得可以扣除的，或不能足额扣除的，未扣除的财产交易损失可从以后五个年度的财产交易所得扣除。

（2）灾害损失：纳税人家庭遭受不可抗力的灾害损失可以扣除。但享有保险给付部分，不得扣除。

三、综合征收制度的税率

税率是税收制度核心的要素之一，它既涉及纳税人税负的高低，又对税制的有效运行具有关键性的影响。目前，我国还处在社会主义初级阶段，各种收入的货币化、账面化程度不是很高，这种状况即使加快改革步伐，也难以在短时期内得到彻底改变。而个人所得税目前又只能主要针对纳税人的账面上的货币收入征收。在这种情况下，税率如果定得过高，会使纳税人感觉牺牲过大，往往会促使纳税人选择隐性收入，如要求高福利而不要求高工资，这就意味着利用高的边际税率调节收入分配差距的政策目标无法实现。

按照简单的数学运算，似乎超额累进税率最高边际税率越高，富人所缴纳的税款会越多，就会在税收总额中占比越大。所以，传统观点认为，个人所得税必须实行高税率、多档次的超额累进税率，才能发挥调节收入分配的作用。但美国 20 世纪两次降低税率的实践发现，与人们的直觉相反的是：每次将过高的边际税率降低，都会使富人缴纳的税款在税收总额中的占比上升。

第一次世界大战后，美国当时的财政部部长默龙主持了税制改革，美国个人所得税的最高边际税率从 77% 降到 25%。税制改革后，富人上缴的税款大幅度增加，同时其承担的份额也得到提高，从 29% 提高到 51%。与此同时，低收入阶层缴纳的税收总额减少了近八成，所占比重则从 21% 下降到 5%。1986 年美国的税制改革，个人所得税的最高边际税率从 50% 降到 28%。最富的 1% 的居民所缴纳的个人所得税的份额，从 17.9% 上升到 25.6%，最富的 5% 的居民所缴纳的个人所得税的份额，从 35.4% 上升到 44%。可见，税率对税基的影响很大，最高边际税率下降，会降低富人避税的动机，促使富人把投资从免税的债券转移到生产领域，税基马上得以扩大。从政府税收收入的角度看，税基扩大的正效应大于税率下降的负效应，是值得做的事情。由高税率、多档次的超额累进税率向低税率、少档次的超额累进税率改进，降低了个人所得税的超额负担。

高税率、多档次的个人所得税制度往往难以有效运行，而难以有效运行的税制就无法实现其既定的政策目标。纳税人对税制的认同与否是决定税制运行成功与否的重要因素，如果纳税人不认同，普遍感觉依法纳税牺牲过大，这样的税制就不可能有效运行。所以，为实现个人所得税调节收入分配差距的职能，在税率的选择上也要遵循低税率、宽税基的原则。

低税率不会使纳税人纳税时感觉牺牲过大，有利于减少对收入的隐瞒，有利于降低纳税人的避税动机，自觉申报纳税，为建立个人所得税的纳税人档案和统计信息铺平道路，经过数年时间的不断积累，就能形成真实全面的个人收入信息库，为个人所得税的公平目标和征管效率的提高奠定信息基础。个人所得税的纵深改革要着眼于长远，不能实行过高的税率，不能让纳税人因觉得纳税牺牲过大或不公平，而选择偷逃避税。如果纳税人因觉得纳税牺牲过大或不公平，而大面积选择偷逃避税，税务机关就无法获得真实全面的信息，即使加大征管强度，也难以掌握全面信息，因偷逃避税面过大，会产生法不责众的现象。相对来说，低税率可以抑制偷逃避税动机、提高征管效率。

为了与现行的鼓励生育二胎的政策相一致，并使个人所得税制简明，税率应以家庭年人均应纳税所得额作为累进依据来设计。笔者设计的个人所得税税率表，见表9-3。

表9-3　个人所得税税率表

级次	家庭全年人均应纳税所得额	税率/%	速算扣除数/元
1	未超过 48 000 元的部分	3	0
2	超过 48 000 元未超过 240 000 元的部分	8	2 400
3	超过 240 000 元未超过 720 000 元的部分	14	16 800
4	超过 720 000 元未超过 1 200 000 元的部分	20	60 000
5	超过 1 200 000 元未超过 2 400 000 元的部分	27	144 000
6	超过 2 400 000 元的部分	35	336 000

实行较低边际税率的超额累进税制同时辅以较高的生计扣除标准会更有助于个人所得税社会公平目标的实现。

综合征收制度中个人所得税税率表（表9-3）与分类税制中工资薪金所得

适用的税率表（表9-1）相比较，表9-3各级距临界点的所得额等于表9-1相应的临界点所得额的12倍。这样设计的优点是：一个没有被抚养人的单身个人，如果只有工资薪金收入，而且收入比较均衡的话，年终申报纳税不需要退补税款，可以减轻税务机关的退税压力。

四、生计费用扣除标准和税率表的指数化调整

要想使纳税人的个人所得税负担不因通货膨胀而加重，生计费用扣除标准和税率表应像美国等国家一样每年定期进行调整。通货膨胀对人民生活的影响最主要体现在居民消费价格指数上，生计费用扣除标准和税率表的指数化调整，应以国家统计局公布的居民消费价格指数为调整的依据，近年来国家统计局公布的居民消费价格指数见表9-4。

表9-4　近年来居民消费价格指数

年份	2018年	2017年	2016年	2015年	2014年	2013年
指标（上年＝100）	102.1	101.6	102	101.4	102	102.6

如果2018年纳税人的生计费用扣除标准为56 000元，则2019年的生计费用扣除标准应调整为56 000×102.1/100＝57 176（元）。

税率表的调整主要是级距临界点的调整和速算扣除数的调整，用当年适用的税率的级距临界点乘以当年的居民消费价格指数除以100，得到下一年适用的税率的级距临界点；用当年适用的税率的速算扣除数乘以当年的居民消费价格指数除以100，得到下一年适用的速算扣除数。如果2018年适用表9-3中的个人所得税税率，则2019年个人所得税则适用表9-5的税率。

表9-5　指数化调整后的个人所得税税率

级次	家庭全年人均应纳税所得额	税率/%	速算扣除数/元
1	未超过49 008元的部分	3	0
2	超过49 008元未超过245 040元的部分	8	2 450.4
3	超过245 040元未超过735 120元的部分	14	17 152.8
4	超过735 120元未超过1 225 200元的部分	20	61 260
5	超过1 225 200元未超过2 450 400元的部分	27	147 024
6	超过2 450 400元的部分	35	343 056

五、申报纳税单位

当前世界上实施所得税制的国家和地区，对个人所得税的课税单位大致可分为夫妻合并申报制度、个人单独申报制度和多组税率制度①，各种不同的申报纳税单位，各有不同的征税效果，各国或地区都依其历史发展背景、经济发展程度、人民所得水平及社会环境状况而采行不同的课税单位。美国的个人所得税的纳税申报单位可以是已婚联合申报、已婚分别申报、单身申报和户主申报；法国的个人所得税是以家庭为申报单位，税率按人均所得额来设计的。

笔者设计的交叉型分类综合个人所得的综合税制是按家庭人均应纳税所得额作为累进依据来设计超额累进税率，所以相应地也建议，我国的个人所得税以家庭为申报纳税单位②。按家庭人均应纳税所得额设计超额累进税率，并不排斥纳税人自身单独申报纳税。

六、该交叉型分类综合所得税制，扣除比较清晰简洁，兼顾了公平和效率

笔者设计的交叉型分类综合所得税制相对于当前的个人所得税制和学界普遍提出的并立型分类综合所得税制来说，其简化是明显的。

第一，少档次、较低的边际税率可以降低征纳成本。例如，较低的边际税率不再使纳税人与税务机关进行博弈，降低了反避税的社会成本；纳税人的各种所得最终适用统一的超额累进税率表计算税额，不需要特别区分所得项目，这都降低了征税成本。

第二，生计费用扣除的标准化和家庭系数的应用，避免了像西方国家生计费用扣除的复杂规定和在我国现行征管水平下难以操作的困难，纳税人可以很方便地自行计算应纳税额。避免为体现公平、照顾低收入者和弱势收入群体而设立复杂的生计扣除标准，反而在执行中由于过于复杂和模糊不清，会被当作合法避税的手段。总体上看，笔者设计的交叉型分类综合所得税制，基本上没有避税的空间。

第三，既保证了税收的均衡入库，又保证了个人所得税的公平性。对个人所得在纳税人取得时实行源泉分类预扣、预缴，保证税款的均衡入库和不流失；在年度终了，纳税人进行年度纳税申报时，按总的纯所得扣除生计费用、按家庭人均应纳税所得额适用超额累进税率计算应纳税额，实行多退少补的汇

---

① 即单身申报者和以家庭为申报单位者适用不同的税率表和扣除额度。
② 理由见第六章第一节的论述。

算清缴办法，保证了个人所得税的公平性。

综上所述，笔者设计的个人所得税制生计扣除清晰简洁，税率高低适当，兼顾了公平和效率。

第三节 交叉型分类综合个人所得税的计算方法

一、交叉型分类综合个人所得税的计算步骤

交叉型分类综合个人所得税的计算步骤如下：

1. 确定家庭系数

根据我国现行的计划生育政策，为了使个人所得税制与计划生育政策的调节方向一致、形成合力，家庭系数确定的原则是：每个成年人的系数都是1；未成年子女中符合计划生育政策的子女系数是1，不符合计划生育政策的子女系数是0[①]。

2. 计算总的家庭纯所得

总的家庭纯所得是将家庭中各成员在一年内取得的各种所得项目的纯所得加总计算得来的。

总的家庭纯所得=∑各成员（∑各种所得项目的纯所得）

3. 计算人均应纳税所得额

人均应纳税所得额=总的家庭纯所得÷家庭系数−生计扣除标准

4. 计算其人均应纳税额

人均应纳税额=人均应纳税所得额×适用税率−速算扣除数

5. 计算家庭应纳税额

计算家庭应纳税额=人均应纳税额×家庭系数

6. 计算家庭年终应补缴（退）税额

计算家庭年终应补缴（退）税额=家庭应纳税额−已预扣税款与预缴税款之和

如果家庭年终应补缴（退）税额小于0，其绝对值即该家庭年终获得的退税额。

税法应明确规定：生计费用扣除标准可以由国家税务总局或财政部根据生活物价指数的情况进行相应地调整。

---

① 具体论述见第六章。

二、计算方法举例

例1　假定有这样一个家庭，丈夫的工资收入每月18 000元，妻子的工资收入每月7 000元，有一个未成年子女，无收入。全年家庭房屋出租取得纯所得15 600元，存款的利息收入是5 000元。计算该家庭全年预扣和预缴的个人所得税税款及其年终应补缴的个人所得税税款。

解：

丈夫工资收入预扣的税款=［（18 000-6 000）×8%-200］×12=9 120（元）

妻子工资收入预扣的税款=（7 000-6 000）×3%×12=360（元）

（根据查表9-1得到8%、3%的税率和相应的速算扣除数）

房屋出租取得的纯所得预缴的税款=15 600×15%=2 340（元）

利息收入预扣的税款=5 000×15%=750（元）

该家庭全年预扣和预缴的个人所得税税款=9 120+360+2 340+750=12 570（元）

该家庭总的纯所得为：18 000×12+7 000×12+15 600+5 000=320 600（元）

该家庭有夫妻2人和一个未成年子女，该家庭系数为3。

（1）首先，计算人均应纳税所得额。

人均应纳税所得额=320 600÷3-56 000=50 866.67（元）

（2）其次，计算人均应纳所得税额。

人均应纳所得税额=50 866.67×8%-2 400=1 669.33（元）

（3）再次，计算家庭应纳所得税额=1 669.33×3=5 007.99（元）

（4）最后，计算家庭年终应补缴（退）税额=5 007.99-12 570=-7 562.01（元）

年终申报，该家庭应获得7 562.01元的个人所得税退税额。

例2　假定例1中的夫妻年度收入不变，但有两个小孩。其预缴和预扣税款的计算方法不变，但其年终申报时应纳税额的计算情况则变为如下：

该家庭夫妻2人和一个未成年子女，家庭系数变为4。

人均应纳税所得额=320 600÷4-56 000=24 150（元）

人均应纳所得税额=24 150×3%=724.5（元）

家庭应纳税额=724.5×4=2 898（元）

家庭年终应补缴（退）税额=2 898-12 570=-9 672（元）

该家庭年终申报应获得9 672元个人所得税退税。

如果人均应纳税所得额是负数，表明该家庭的人均纯所得低于人均免征额，不应负担个人所得税，以前所预缴、预扣的税款，在年终申报时，可以获得退税。

三、该交叉型分类综合个人所得税有助于全面二孩政策的落地

2013年我国放开单独二孩政策，2016年我国全面实施二孩政策。80后和90后作为育龄人群的主力军与60后和70后的生育观念有很大的差异，他们的生育意愿和生育决策受自身经济利益和自我享受人生的价值观影响。根据2015年国家卫生计生委的生育意愿调查，不愿生育第二个小孩的第一大原因是经济负担，有74.5%的人选；其次是太费精力，有61.1%的人选；最后是无人看护，比例是60.5%。养育子女的经济成本、照料子女的精神压力、自身职业发展以及追求生活质量等因素，降低了80后和90后中青年的生育意愿，减少了他们的生育行为①。

长期的计划生育政策抑制了我国人口增长过快的趋势，改变了人们的生育观念，特别是年轻一代的生育观念。男女比例失调、人口老龄化等结构性问题日渐突出，低生育机制已经形成。高凤勤、汤慧质（2016）认为"实现全面二孩政策目标需要个人所得税政策的配合"②，其提出的个人所得税的政策建议是：税前费用扣除差别化，除考虑家庭日常支出外，还应将抚养孩子、赡养老人、教育、医疗、住房等支出纳入家庭开支扣除范围，减轻育儿成本；给予生育二孩的家庭税收优惠，可对其退税，或者仿效企业所得税残疾人工资税前加计扣除的做法，雇佣生育二孩的女性支付的工资也实行加计扣除。贺江兵（2015）的看法是：为鼓励年轻人敢生孩子，应取消五险一金的缴纳和个人所得税，个人所得税占全部财政收入的比例是5.26%，个人所得税暂停征收完全不影响大局；贺文中讲中央财经大学研究生客座导师、著名财税专家马靖昊先生也赞同取消个人所得税和"五险一金"的缴纳③。

笔者认为，高凤勤、汤慧质的建议有些杯水车薪的味道，且使税制过于复杂，操作性不强；贺江兵、马靖昊的建议不是不可，但似乎有些太过激了。经过几十年的磨炼，中国公民已逐步习惯、接受了个人所得税，如果再取消，在

---

① 卫生计生委就2017年1月全面两孩政策工作进展答记者问［EB/OL］.（2017-01-22）［2021-06-30］. http://www.gov.cn/xinwen/2017-01/22/content_5162305.htm.

② 高凤勤，汤慧质. 全面二孩政策背景下的个人所得税改革［J］. 税务研究，2016（11）：44-47.

③ 贺江兵. 全面放生二孩亟须减免个税［N］. 华夏时报，2015-10-31.

经济全球化的趋势下，在世界大多数国家都征收个人所得税的情况下，不利于我国在国际经济交往中维护我国的税收权益，同时也不利于培育中国公民的纳税人意识。最好的办法是深化个人所得税税制的改革，设计出既鼓励家庭生育二孩，又简单易行的个人所得税制度。

本书建议的交叉型分类综合个人所得税就具有这两方面的优点：一是其简单易行，家庭中的每一成员都有一个生计费用扣除额（免征额）；年终综合征收时的税率是按人均应纳税所得额设计的，在家庭总所得确定的情况下，申报很简单。二是家庭多生育一个子女，可以大大地降低个人所得税税负，降低的幅度绝不是高凤勤、汤慧质的建议所能比的。如本节的例1和例2，夫妻二人的收入相同，其只有一个孩子时，全年要缴的个人所得税是5 007.99元，若有两个孩子则全年只需要缴个人所得税2 898元，税收负担降低了近2 109.99元。多一个孩子后，每年的个人所得税都会降低，可以起到长期有效的激励作用。且该税制对高收入者的激励作用更大，因为多生一个孩子其税收负担降得更多。这样，可以减少目前许多高级知识分子、白领阶层对生孩子影响职位晋升、影响生活质量、机会成本高的担心，有利于提高下一代的国民素质。

相对于贺江兵、马靖昊的建议，本书建议的交叉型分类综合个人所得税首先保留了个人所得税这个国际性税种，对维护我国对外经济交往中的税收权益起到一个基础作用。其次，该税制对工薪阶层来说税收负担是很轻的，即使无子女的工薪阶层的个人所得税的税收负担相对于现行税制来说，也是降低的，如果有一个子女或有两个子女，则税收负担会降得更多，如前面的举例。这可以改变目前存在的越是高级知识分子、越是收入高的白领阶层越不愿意生育孩子的现状。如果税务机关能够较好地监控高收入者的收入情况，个人所得税总收入可能不会因为工薪阶层的税负降低而减少。

第十章　交叉型分类综合个人所得税其他因素的思考

第一节　国际双重征税的消除

由于世界上多数国家都同时采取地域税收管辖权和居民税收管辖权，纳税人来源于非居住国的所得，非居住国要按地域税收管辖权对其征税，居住国要按居民税收管辖权对其征税。如果不采取措施，国家间对同一笔跨国所得的双重征税是自然的，这样将造成纳税人的税收负担过重，不利于人才的合理流动，不利于经济的高速发展。

避免国际双重征税的措施有双边措施和单边措施。双边措施是指国家与国家之间通过签订避免双重征税的协议，来消除国际双重征税；单边措施是指某一国家在本国的税法中单向规定消除国际双重征税的措施。多数国家的所得税法中都规定了消除国际双重征税的措施，一国个人所得税法的制定中也只能考虑消除国际双重征税的单边措施。所以，本节只介绍消除国际双重征税的单边措施，即个人所得税法中规定的措施。

一、消除国际双重征税的措施

能彻底消除国际双重征税的措施有两种：免税法和抵免法。

（一）免税法

免税法就是一国政府对本国居民来源于境外的所得免于征税。其指导思想是，承认非居住国的地域税收管辖权的优先地位，在一定条件下，对本国居民来源于国外并已在国外纳税的那部分所得，放弃行使居民税收管辖权，以避免国际双重征税。

免税法的优点在于能够有效地避免国际双重征税，且在计算上较为简便，居住国税务机关无须对居民纳税人在来源地国的收入状况和纳税情况进行调查核实工作。其缺点在于：当所得来源国的税负低于居住国税负时，有境外所得的纳税人的税负低于有同样多的所得但全部来源于境内的纳税人的税负，这既不符合税负公平原则，又会导致资本的大量输出和人才的外流，而且也为跨国纳税人进行逃税和避税提供了机会。

（二）抵免法

抵免法是指居住国（或国籍国）政府在对本国居民（或公民）征税时，允许用已缴非居住国（或非国籍国）的所得税税款，抵减应缴纳本国政府的税额。抵免法的指导思想是坚持资本输出中性（capital export neutrality），即拥有国外所得的居民（或公民）在纳税地位上应当与仅有来源于本国所得的纳税人相同，或者至少不优于仅有国内所得的纳税人。正是由于这一指导思想，在抵免法下，跨国纳税人的税收负担最终取决于居住国的税负水平。

抵免法又有直接抵免法和间接抵免法之分。直接抵免法是指居住国（或国籍国）政府对其居民（或公民）纳税人征税时，允许纳税人用直接向来源国缴纳的所得税税款，抵减其应缴本国的所得税税款。所以，直接抵免法适用于同一经济实体，包括跨国自然人和跨国法人的总公司与其设在境外的分公司或分支机构。直接抵免法的适用范围较广，其允许抵免的外国税收必须是跨国纳税人直接向所得来源国缴纳的所得税，如果税款不是纳税人直接缴纳的就不能直接冲减其在居住国（或国籍国）应纳的所得税款。

间接抵免法是指居住国（或国籍国）政府对其居民（或公民）纳税人征税时，还允许纳税人用在来源国间接缴纳的税款，或者说，用其负担的来源国税款，抵减在本国应缴纳的税款。这是专门适用于免除经济性双重征税的一种抵免方法。这儿，只讨论直接抵免，下一节再讨论间接抵免。

抵免法还可分为全额抵免法和限额抵免法。全额抵免法是指居住国（或国籍国）政府在对本国居民（或公民）征税时，允许用已缴非居住国（或非国籍国）的所得税税款，抵减境内外所得汇总应缴纳本国政府的税额，没有数额限制。在全额抵免法下，当所得来源国的税负高于居住国税负时，居住国政府对本国居民的全部所得征收的所得税，少于其只对该纳税人来源于本国的所得征收的所得税，居住国政府的税收权益受到了损失。所以，全额抵免法一般不用，常用的是限额抵免法。

限额抵免法是指居住国（或国籍国）政府在对本国居民（或公民）征税时，允许用已缴非居住国（或非国籍国）的所得税税款，来抵减境内外所得汇总应缴纳本国政府的税额，但对抵减额有限制，抵减额最高等于境外所得按本国税法规定计算的税额。境外所得按本国税法规定计算的税额就是税收抵免限额。如果已缴非居住国（或非国籍国）的所得税税款超过税收抵免限额，超过部分不允许抵减。

二、限额抵免法的类型

在实践中，限额抵免法又分为综合限额抵免法、分国限额抵免法和分项限额抵免法三种类型。

（一）综合限额抵免法

所谓综合限额抵免法，即居住国对其居民纳税人进行征税时，将纳税人来自国外的所有所得，不区分来源国别和项目类型，汇总计算一个抵免限额，跨国纳税人缴纳的全部境外税收可以在该限额内抵免。综合限额抵免法的特点是将纳税人来自国外的全部所得作为一个整体对待，相比另两种限额抵免法，可以减少纳税人应补缴的税款。其计算公式为：

综合抵免限额=（国内外总应纳税所得额×本国税率）×（国外总应纳税所得额/国内外总应纳税所得额）

式中，（国内外总应纳税所得额×本国税率）即为抵免前按国内外总应纳税所得额计算的应缴本国（居住国）政府的所得税。如果居住国所得税采用比例税率，计算综合抵免限额的公式可以简化为：

综合抵免限额=国外总应纳税所得额×本国税率

但是，如果居住国所得税采用累进税率，就不能简化计算了。

按上述公式，可以先计算纳税人的税收抵免限额，然后将与纳税人在国外实际缴纳的所得税总额进行比较，选择其中较小者作为允许抵免的税额。允许抵免的税额，从纳税人全部的国内外所得应纳的本国所得税额扣除。

（二）分国限额抵免法

所谓分国限额抵免法，即居住国对其居民纳税人进行征税时，将纳税人来自国外的所得，区分来源国别，分别计算抵免限额，在每一个非居住国的抵免限额内抵免在该国所缴纳的税收。分国限额抵免法的特征是按国别比较抵免限额和实纳税额，选择其中较小者作为允许抵免的税额。因而纳税人在不同的非居住国之间的不足限额与超限额，不能相互抵减。分国抵免限额的计算公式为：

某国抵免限额=（国内外总应纳税所得额×本国税率）×（来源于某国的应纳税所得额÷国内外总应纳税所得额）

同样，如果居住国所得税采用比例税率，上述计算公式可以简化为：

某国抵免限额＝来源于某国的应纳税所得额×本国税率

按照上述计算公式，可分别计算纳税人不同国家所得的税收抵免限额，与纳税人在相对应的国家的实纳税额进行比较，确定纳税人每一个国家所得的允许抵免税额，从纳税人全部的国内外所得应纳的本国所得税额扣除。

由于综合限额抵免法和分国限额抵免法在计算方法上的差异，这两种方法对居住国利益和跨国纳税人的影响是不同的。

对跨国纳税人来说，采用综合限额抵免法比较有利。在纳税人有来源于几个非居住国的所得，非居住国的税负水平与居住国相比有高有低的情况下，如果采用分国限额抵免法，来源于税负水平较高的非居住国所得的已纳税额得不到全部抵扣，而来源于税负水平较低的非居住国所得又需要在居住国补缴税款。如果采用综合限额抵免法，可以用分国限额抵免法下一国的超限额去弥补另一国的不足限额，从而减轻纳税人的税收负担。所以，对跨国纳税人来说，采用综合限额抵免法比较有利。

但是，从一个主权国家政府的角度看，采用综合限额抵免法会影响该国的财权利益，不利于税收收入的取得。纳税人在某一外国的不足限额部分本来要补缴税款的，但因有另一外国的超限额冲抵，而不需要补缴税款或不需要补缴那么多的税款，这样，与分国限额抵免法相比，就减少了居住国政府的税收收入。针对综合限额抵免法的缺陷，有些国家采用了分项限额抵免法。

由此可见，分国限额抵免法和综合限额抵免法各有利弊，各有优缺点。不过，这些优点与缺点都是相对于居住国政府和跨国纳税人的利益而言的。任何一个主权国家，都有权在其税收制度中规定采用何种限额抵免法。如美国在1975年以前曾经实行过分国限额抵免法，自1975年开始，为了简化征纳手续，已改为实行综合限额抵免法。

（三）分项限额抵免法

20世纪70年代以前，大多数国家采用了分国限额抵免法，而在此后则较多采用综合限额抵免法。值得注意的是，由于许多国家对股息、利息、特许权使用费等投资所得规定较低的所得税率，也有一些国家对农业、林业、渔业或矿业收入采取优惠的低税率，因而一些采用综合限额抵免法国家，为了防止跨国纳税人以高税率项目的外国所得的超限额冲抵低税率项目的外国所得的不足限额，进行国际避税活动，明确规定对不同项目的所得分别计算抵免限额、分别确定允许抵免的外国已纳税额，即这些国家采用分项限额抵免法。分项限额抵免法与分国限额抵免法的计算方法类似。

三、我国应采取的避免国际双重征税的方法

免税法不仅承认了地域税收管辖权的优先，而且承认其独占，对本国居民（公民）来源于国外并已在国外纳税的那部分所得，在一定条件下，放弃行使居民（公民）管辖权。这样，在所得来源国税率低于本国的情况下，纳税人只负担较低的外国税收，取得了较大的经济利益。免税法不符合资本输出中性原则，容易导致资本（包括人力资本）的外流。所以，除少数国家对少数所得项目采取免税法之外，大多数国家都不采取免税法来避免国际双重征税。我国也不应该采取免税法来避免国际双重征税。

在全额抵免法下，居住国政府对其居民纳税人在来源国缴纳的所得税款，允许全部抵减其应缴本国政府的所得税款。当所得来源国的税负水平高于居住国税负水平时，居住国政府对本国居民的全部所得征收的所得税，少于其只对该纳税人来源于本国的所得征收的税，在此情况下，居住国政府放弃的税收权益既大于免税法放弃的税收权益，也大于只采用来源地税收管辖权放弃的税收权益。所以，我国要避免国际双重征税，不能采用全额抵免法。

综上所述，既要维护我国的税收管辖权，又要避免国际双重征税，我国应该采用限额抵免法来避免国际双重征税。另一个问题是，我国应该采用分国限额抵免法，还是应该采用综合限额抵免法附加分项限额法？笔者的意见是我国应该采用分国限额抵免法。

因为从资本输出中性来说，资本从境内和境外某一国或地区取得的所得的税收负担应一视同仁，在境外少缴的税要在境内补缴，从而避免本国资本由于境外税负低造成过分外流。由于人力资本是比较单一的资本，不必按分项限额法进行抵免。如果采用综合限额法，则由于国际上存在大量的避税地，纳税人来源于高税国和避税地的所得的超限额与不足限额相互抵消，使得政府采用抵免法与来源地政府分享税收管辖权的愿望落空。所以，我国应该采用分国限额法免除国际双重征税。

四、交叉型分类综合所得税抵免制度的规定

我国应该同时行使居民税收管辖权和地域税收管辖权。对居民纳税人来源于全球的所得征税，对非居民纳税人来源于我国的境内所得征税。

税法应规定，有境外所得的居民纳税人必须进行年终的纳税申报，其中国境内和境外的所得，都应向我国缴纳个人所得税。纳税人来源于境外的所得在境外已纳的税款，准予从其总的应纳税额中扣除，但扣除额不得超过境外所得

按照我国税法计算的税额。

在境外已纳的税款，是指纳税人的境外所得，按照所得来源国的法律实际已经缴纳的税额。纳税人申请扣除在境外已纳的税款时，应当提交相应的完税凭证原件。

按照我国税法计算的应纳税额，是指纳税人从中国境外取得的所得，区别不同国家或者地区计算的应纳税额。这一应纳税额可被称为该国或者地区的抵免限额。其计算公式如下：

某国（或地区）的税收抵免限额 = 来源于某国（或地区）的所得额 ×
$$\frac{境内外总所得按税法计算的应纳税总额}{境内外总所得}$$

由于笔者所设计的个人所得税是交叉型分类综合所得税制，年终汇总纳税时，适用的是超额累进税率，因此，抵免限额的计算只能按上述公式计算，而不能按前面提到的简化公式计算。

纳税人的某国所得的抵免限额如果大于其在某国的已纳税款，在汇总纳税时，在某国的已纳税款可以从总的应纳税额中全部扣除，即应当在我国缴纳差额部分的税款；纳税人的某国所得的抵免限额如果小于其在某国的已纳税款，在汇总纳税时，在某国的已纳税款不能从总的应纳税额中全部扣除，只能扣除等于抵免限额的税额。超过抵免限额的部分可以结转到以后 5 个纳税年度，当纳税人的该国所得出现抵免限额余额时，进行补扣。

第二节　经济性双重征税的消除

一直以来，我国的企业所得税和个人所得税属于古典所得税制。古典所得税制是指在设计所得税制度时，不考虑企业与个人之间所得税的重复征税问题，分别课征，各成体系，不提供相互之间的抵免。个人从企业取得的股息、红利来自企业缴纳企业所得税后的利润，国家先对企业的利润——所得征收企业所得税，再对个人从企业取得的股息、红利征收个人所得税，这种对不同纳税人的同一来源的所得先后重复征税的做法，就是经济性重复征税。

经济性重复征税加重了投资所得的税收负担，可能造成民间投资行为的扭曲和企业财务核算情况的失真，阻碍资本的形成和投资的增长，影响市场配置资源的效率，还导致了投资领域大量避税现象的产生，不利于维护正常市场秩序和税收规模的可持续增长。

一、经济性重复征税的免除方法

消除所得经济性重复征税的方法主要有：归属抵免制、免税制、减除法和双率制。归属抵免制就是股东在就其股息所得缴纳所得税时，可以用股息所负担的企业所得税税额抵免其应纳的所得税；免税制是指对个人的股息所得免予征收个人所得税；减除法是指允许企业将支付的股息红利在计算应纳税所得额时扣除；双率制是指对企业的已分配利润和保留利润以不同的税率征收企业所得税，保留利润适用高税率，已分配利润适用低税率。双率制只能减轻重复征税的不利影响，而不能消除重复征税，对于再投资的问题也不能很好地解决，原来实行双率制的国家都已转型。

钱晟和卢凌波（2002）在其《当前我国所得税制中的经济性重复课税问题探析》一文中，分析了我国个人所得税制与企业所得税制之间的经济性重复征税问题。他们在比较了归属制、免税制和双率制的基础上，建议我国所得税制的改革应通过推行双率制以缓解目前因经济性重复课税产生的税负加重问题，进一步改善我国的投资环境，刺激民间投资的不断增长。

钱晟和卢凌波对我国企业所得税制与个人所得税制之间形成的经济性重复课税问题及其对投资行为等的影响的分析，笔者是赞同的。但对其提出的解决方法，笔者并不赞同。

二、我国应采用归属抵免制——间接抵免法消除经济性重复征税

澳大利亚对个人股息收入实行归属抵免制度，即居民个人获得居民公司发放的股息在缴纳个人所得税时，可以用在公司环节缴纳的公司税相抵，多退少补，非居民个人不能享受这种待遇。

《中华人民共和国企业所得税法》和《中华人民共和国企业所得税法实施条例》统一了对内外资企业征收所得税的制度，使内外资企业的所得税负担达到了公平；把税率定为25%，一步到位地降低，有利于我国的企业与其他国家的企业开展竞争。在世界范围内，25%的税率都属于较低水平，近期内不需要再对其进行调整，可保持我国税制的相对稳定。

企业所得税税制的改革为消除所得的经济性双重征税问题提供了契机，因为企业所得税税率降为25%，笔者设计的分类综合所得税税制，最高边际税率为35%，这样有条件采用归属抵免制的方法来消除所得的经济性双重征税问题：富人（适用的个人所得税最高边际税率为35%）取得的股息红利所得在抵免25%的企业所得税后，再补缴10%的个人所得税；中产阶层（适用的个

人所得税最高边际税税率为27%）取得的股息红利所得在抵免25%的企业所得税后，再补缴2%的个人所得税；中低阶层取得的股息红利所得在抵免25%的企业所得税后，实际上可以减轻其他所得的税收负担。

三、间接抵免法

股东分配得到的股息是公司交纳企业所得税后的利润分配。对股东分配得到的股息全额计入股东个人所得总额中征税，是一种经济性重复征税。用归属抵免制的方法来消除所得的经济性双重征税，必须首先计算出股东分配得到的股息所应归属于股东的公司所得额和公司所得税额，然后将归属于股东的公司所得额计入股东个人的所得总额中，计算出股东个人应纳税总额后，再从中扣除（抵免）归属于股东的公司所得税额。

设分配股息、红利的公司的所得税税率为 t_c，某一股东有来源于我国公司的股息、红利收入为 Y_s，则其来源于公司的所得额为 Y_c，其间接缴纳的企业所得税为 T_c。其计算公式为：

$$Y_c = \frac{Y_s}{1 - t_c}$$

$$T_c = Y_c \cdot t_c = \frac{Y_s}{1 - t_c} \cdot t_c$$

如某一股东有来源于我国公司的股息、红利收入7 500元，企业所得税税率为25%，则其应计入总所得中的来源于公司的所得额为7 500÷（1-25%）= 10 000（元），其间接缴纳的企业所得税为10 000×25% = 2 500（元）。在其应纳的个人所得税总额中可以扣除（抵免）2 500元。

对纳税人来源于国内企业的股息、红利所得采用间接抵免法免除经济性重复征税，从资本输出中性原则出发，对居民纳税人来源于境外公司的股息、红利所得也应采用间接抵免法免除其经济性国际重复征税，其计算方法是相同的。要注意的是居民纳税人间接缴纳的境外公司的所得税要与其他境外所得的所得税合并，在抵免限额内抵免。

第三节　其他问题

一、关于赡养费的处理

对于夫妻离异后，一方支付给另一方的赡养费，支付者可以作为费用扣除，被支付者要作为收入申报纳税。如果低收入的父母不愿意与子女作为一个家庭申报纳税，子女支付给父母的赡养费可以作为费用扣除；同时，父母进行纳税申报时，必须将收到的赡养费计入自己的收入总额中进行纳税申报。

二、关于农业生产经营所得纳税问题

美国联邦个人所得税对农场主有一些特别规定，如从事农业生产的个人和企业在记账时有权选择现金收付制原则记账，不像从事其他行业的纳税人必须使用权责发生制原则记账。另外，还对从事农业生产的纳税人实施"收入平均政策"，因为农场和牧场的收入由于无法预计的天气情况和难以控制的市场波动而在各年间变动较大，所以，避免从事农业生产的纳税人在获利年度面对超额的高税率，美国国会同意农场和牧场主可选择在前后三年内平均其收入计算应纳税所得额和应纳税额，从而使农户避免了比同等所得且较为稳定的纳税人缴纳更多的税收。此外，还规定因为天气干旱等原因而被迫出售牲畜的销售收入可以延迟一年计入应税收入，即延迟一年缴纳所得税，以上这些规定措施都对农业生产起到了鼓励的作用。

我们设计的交叉型分类综合个人所得税的征税对象是纳税人取得的各种所得，个人从事农业生产取得的所得理应作为生产经营所得缴纳个人所得税，因此农业生产者毫无疑问也应是个人所得税的纳税人。当然，如果其收入较低、纯所得达不到生计费用扣除标准的农户自然进入免予纳税的纳税人行列。由于农业生产者承受的市场风险和自然风险比一般工商业者大，所以税法应规定：纳税人投保的各种农业保险的保费支出均可扣除，纳税人获得的各种农业保险赔款免税。

三、关于非居民纳税人适用税率问题

有些国家对非居民另行规定不同于居民的税率，如澳大利亚对非居民规定了略为不同的超额累进税率表[①]，主要是其初始边际税率不同：非居民的初始边际税率高于居民，而最高边际税率非居民与居民相同。如此设计税率的原因，可能是考虑到非居民除了来自澳大利亚的收入外，还可能有来自澳大利亚之外、澳大利亚政府不能征税的收入，所以不必过多考虑非居民的生计问题。

考虑简化征管工作的需要，笔者设计的交叉型分类综合个人所得税制，不要求一般的非居民纳税人年终进行纳税申报，但如果非居民纳税人从事生产经

---

① 见第七章表7-13和表7-14。

营、转让财产或出租财产等，因为其取得的所得没有扣缴义务人，则必须进行该项所得的纳税申报，按分类征收制度进行征税。

年度终了，非居民纳税人愿意对进行年终综合纳税申报的，适用与居民纳税人相同的税率表，但对其没有来源于我国工资薪金所得的家庭成员，在计算应纳税额时不计算家庭系数。

四、关于纳税年度

建议个人所得税的纳税年度改为每年的 3 月 1 日至次年的 2 月底（2 月的最后 1 日）。

理由一：我国最隆重的传统节日——春节，大约 65% 的年份都在公历 2 月，35% 的年份在公历年的 1 月，而春节前各企事业单位都会发放些慰问品和慰问金，这些慰问品和慰问金都增加了纳税人的负担能力，都是应税收入，将纳税年度设为每年的 3 月 1 日至次年的 2 月底，有利于及时将该收的税款缴入国库。

理由二：多数企业、事业单位要在公历年之后，对职工全年的工作业绩进行考核，并发放全年奖金。这一全年奖金与上年的工作业绩是分不开的，所以与上年的工资薪金所得合并一块纳税，更适宜。

理由三：每年一二月份是工薪阶层、各类居民收入颇丰的时期，将这一时期作为纳税年度的终结，纳税人在计算自己的收入和应纳税额时，心理负担会相应地小一些，纳税的痛苦指数会比较低，有助于自觉纳税意识的形成。

五、关于反国际避税问题

2014 年我国有十几家公司以红筹模式在美国证券交易所挂牌上市融资，即中国境内企业的实际控制人以个人名义在开曼群岛、百慕大、维京等离岸中心设立壳公司，再利用有我国境内的资产或股权对壳公司进行增资扩股，并收购境内企业的资产，以境外壳公司的名义达到在境外上市的目的[①]。这种模式是以"协议控制"（VIE 架构）的方式，而不是以股权控制实现的。"协议控制"得到了美国通用会计准则的认可，并创设了"VIE 会计准则"，允许国内被控制企业的财务报表在该架构下与境外上市企业的财务报表进行合并。虽然中国境内企业设计 VIE 架构的目的是境外上市，但也有明显的税收筹划的印记。其所涉及的主要税种有个人所得税和企业所得税。《企业所得税法》中有

---

① 唐敬春. VIE 架构中个人所得税问题探讨［J］. 国际税收，2015（12）：55-59.

"特别纳税调整"一章，税务机关可以根据我国《企业所得税法》及其《实施条例》，以及相关的国家税务总局法规，对 VIE 架构中各相关权益主体的实质性和合理性进行判别，在征收企业所得税时做出相应的特别纳税调整。但由于个人所得税没有明确的税收法律法规政策的支持，不能将实质性的权益主体用"穿透"法直接联系起来。如何避免个人所得的双重不征税问题，还是一个非常值得探讨的问题。

六、关于个人所得税与社会保险费的衔接

社会保险费已从 2019 年 1 月由税务机关征收了，这为个人所得税与社会保险费征收制度的协调衔接创造了条件。我国自 2015 年来，已经 5 次下调社会保险费的缴费比率了，但不同省市的缴费基础是不同的，不同省市间的缴费比率目前有所缩小，但还没有完全一致，建议国家还是应该统一缴费基础和缴费比率。个人缴纳的社会保险费在缴纳个人所得税计算应纳税所得额时被扣除了，交叉型分类综合个人所得税的税率表是按家庭人均应纳税所得额设计的，家庭中的每一成员都有一个免征额，所以，退休人员的离退休工资、领取的养老保险等社会保障收入都应该计入家庭的总所得中。

七、关于交叉型分类综合个人所得税法的出台

我国个人所得税制的纵深改革关系到十几亿人的切身利益，关系到上亿家庭的税收负担是否合理公平。如果能让众多学者参与到个人所得税法的起草中，或者鼓励一些持不同观点的学者各自起草个人所得税法草案，并将其公之于众，由民众投票选择个人所得税法草案、修改个人所得税法草案，这样提前让公众了解和参与讨论个人所得税法草案的制定，人民群众的智慧是无穷的，有民众的积极参与，个人所得税法草案的质量会有极大的提升，公平与效率会得到兼顾，许多误解和怨气就能消除，个人所得税法的认同度将会大大地提高。个人所得税法的认同度提高，又会带来纳税人的遵从度的提高，从而降低个人所得税的征收成本。而且根据现代法理，也应该将要改革的个人所得税法草案在交付全国人民代表大会之前，先公之于众，充分征求广大人民群众的意见和建议，采纳人民群众的合理诉求，这对于我国个人所得税制的完善以及提高纳税遵从度，都具有极其积极的意义和作用。

参考文献

［1］EDGEWORTH F Y. The Pure Theory of Taxation ［J］. Readings in the E-conomy Taxation, 1987（6）：2.

［2］杨志勇. 中国个人所得税改革的理论影响因素分析 ［J］. 税收经济研究, 2018, 23（5）：10-16.

［3］吴小强, 王志刚. 现代最优税收理论的研究进展 ［J］. 税务研究, 2017（8）：34-38.

［4］吴思, 李大巍. 最优税收与分配公正：专访 1996 年诺贝尔经济学奖获得者詹姆斯·莫里斯 ［J］. 中国经济报告, 2017（1）：40-43.

［5］普拉斯切特. 对所得的分类综合及二元课税模式的研究 ［M］. 国家税务局税收科学研究所, 译. 北京：中国财政经济出版社, 1993：15.

［6］孙文学, 刘佐. 中国赋税思想史 ［M］. 北京：中国财政经济出版社, 2005.

［7］邓子基, 李永刚. 最优所得税理论与我国个人所得税的实践 ［J］. 涉外税务, 2010（2）：23-26.

［8］王闻. 诺贝尔奖得主詹姆斯·米尔利斯及其学术贡献 ［J］. 经济学动态, 2004（6）：7-10.

［9］朱为群, 陶瑞翠. 当代世界各国单一税改革的特征分析 ［J］. 审计与经济研究, 2016（3）：92-100.

［10］张文春. 世界正在变平·单一税制越来越得到各国的青睐 ［N］. 中国财经报, 2007-10-09（006）.

［11］李波, 等. 我国个人所得税改革与国际比较 ［M］. 北京：中国财政经济出版社, 2011.

［12］国家税务总局税收科学研究所. 外国税制概览 ［M］. 4 版. 北京：中国税务出版社, 2012.

［13］郭庆旺. 税收与经济发展 ［M］. 北京：中国财政经济出版

社，1995.

　　[14] 郭庆旺，何乘材. 论个人所得税的收入再分配功能 [J]. 中国税务，2001（12）：22-23.

　　[15] 陈玉琢，吴兵. 论个人所得税税率的累进性 [J]. 现代经济探讨，2002（12）：46-49.

　　[16] 王雍君. 税制优化原理 [M]. 北京：中国财政经济出版社，1995.

　　[17] 许评. 影响收入分配的个人所得税累进度研究 [D]. 武汉：华中科技大学，2004.

　　[18]《中国税务年鉴》年鉴编委会. 中国税务年鉴·2013 [M]. 北京：中国税务出版社，2013.

　　[19] 郝春虹. 对我国现行税制运行质量的评析 [J]. 税务研究，2006（5）：15-20.

　　[20] 孟春，李晓慧. 我国征税成本现状及其影响因素的实证研究 [J]. 财政研究，2015（11）：96-103.

　　[21] 朱良华. 个人所得税对广西居民收入差距调节作用效果研究 [J]. 学术论坛，2016（10）：66-71.

　　[22] 臧鑑. 个人所得税避税与反避税方法的调研报告 [J]. 天津经济，2016（4）：61-64.

　　[23] 各国税制比较研究课题组. 个人所得税制国际比较 [M]. 北京：中国财经出版社，1996.

　　[24] 财政部税收制度国际比较课题组. 日本税制 [M]. 北京：中国财政经济出版社，2000.

　　[25] 国家税务总局税收科学研究所. 外国税制概览（修订版）[M]. 北京：中国税务出版社，2005.

　　[26] 王大河. 优化个人所得税 构建和谐社会 [J]. 经济与管理，2006（2）：67-70.

　　[27]《个人所得税综合与分类相结合税制研究》课题组. 个人所得税综合与分类相结合税制的模式选择和管理要求研究 [C].//国家税务总局政策法规司. 中国税收政策前沿问题研究（第三辑）[M]. 北京：中国税务出版社，2006.

　　[28] 静雅婷. 关于完善我国个人所得税制度的探析 [D]. 天津：天津财经学院，2005.

　　[29] 夏宏伟. 中国个人所得税制度改革研究 [D]. 北京：财政部财政科

学研究所，2013.

［30］李华. 家庭还是个人：论我国个人所得税纳税单位选择［J］. 财政研究，2011（2）：31-34.

［31］蔡继明. 略论社会主义初级阶段的分配原则［J］. 理论视野，1999（1）：40-42.

［32］靳东升. 个人所得税改革与税收公平的实现［J］. 地方财政研究，2005（5）：33-35.

［33］高尔森. 国际税法［M］. 北京：法律出版社，1992.

［34］李九龙，于鼎丞. 外国税制［M］. 大连：东北财经大学出版社，1987：62.

［35］汤贡亮，杨志清等. 中国税制新论［M］. 北京：航空工业出版社，1994：140.

［36］项平. 德国个人所得税对完善我国个人所得税的启示［J］. 经济师，2004（12）：209-210.

［37］锡德里克·桑福德. 税制改革的关键问题［C］. 邓力平，主译. // 威尼·瑟斯克. 成功税制改革的经验与问题（第2卷）［M］. 北京：中国人民大学出版社，2001.

［38］孙亚. 贯彻科学发展观 建设和谐社会的税收政策取向［J］. 税务研究，2006（3）：31-35.

［39］李华. 家庭还是个人：论我国个人所得税纳税单位选择［J］. 财政研究，2011（2）：31-34.

［40］岳树民，卢艺. 个人所得税纳税单位的选择：家庭还是个人［J］. 税收经济研究，2013（3）：1-7.

［41］薛钢，李炜光，赵瑞. 关于我国个人所得税课税单位的选择问题［J］. 南方经济，2014（12）：115-121.

［42］徐芳婷. 少子老龄化背景下个人所得税课税单位的选择［J］. 湖北理工学院学报（人文社会科学版），2016（4）：40-44.

［43］仲夏辉. 家庭还是个人：个人所得税纳税单位的选择文献综述［J］. 商，2016（3）：158-159.

［44］李林君. 家庭规模和结构的标准化设计：个人所得税按家庭课征的突破口［J］. 税务研究，2016（11）：52-56.

［45］石坚，狄欣荣. 个人所得税制家庭课税制度研究［J］. 财政科学，2016（10）：43-51.

[46] 项怀诚，等. 个人所得税调节谁 [M]. 北京：经济科学出版社，1998：125.

[47] 雷根强，郭玥. 差别费用扣除与个人所得税制改革：基于微观数据的评估 [J]. 财政研究，2016 (6)：28-41.

[48] 国家税务总局办公厅. 打好金税攻坚战　信息管税谱新篇：2015 年税收风景回头看系列报道之十 [EB/OL]. http://www.chinatax.gov.cn/n810219/n810724/c1984412/content.html.

[49] 刘剑文. 对个税工资薪金所得费用扣除标准的反思与展望：以人权保障为视角 [J]. 涉外税务，2009 (1)：33-37.

[50] 赵恒. 个人所得税论 [D]. 大连：东北财经大学，2003.

[51] 孙仁江. 当代美国税收理论与实践 [M]. 北京：中国财政经济出版社，1987：16.

[52] 金波. 环球税讯 [J]. 涉外税务，2002 (1)：75-76.

[53] 环球税讯 [J]. 涉外税务，2003 (1)：79.

[54] 环球税讯 [J]. 涉外税务，2003 (2)：79-80.

[55] 国家税务总局办公厅. 2016·税收改革攻坚这一年：绘蓝图——"云时代"展现智慧税务靓丽风采 [EB/OL]. http://www.chinatax.gov.cn/n810219/n810724/c2423656/content.html.

[56] 梁芬. 中外个人所得税税率结构比较与借鉴 [J]. 税务研究，2003 (3)：71-74.

[57] 赵岚. 个人所得税究竟调节了谁：从个人收入分配的"两个百分比"说起 [J]. 当代经济研究，2001 (10)：39-42.

[58] 张敏. 借鉴美国经验强化我国个人所得税征管 [J]. 税收与企业，2002 (5)：30-32.

[59] 湖北省地方税务局. 个人所得税征管制度改革研究 [C]. //石坚，陈文东. 中国个人所得税混合模式研究 [M]. 北京：中国财政经济出版社，2012.

[60] 杨子强. 推进金融信用信息基础数据库建设 [N]. 人民日报，2016-08-10 (10).

[61] 刘天永. 限制欠税人出境需重视几个问题 [N/OL]. 中国税务报，(2014-12-17) [2021-06-30]. http://www.ctaxnews.com.cn/wlb/wlbneirong/201412/t20141217_36274.htm

[62] 李清文. 大陆个人所得税与台湾综合所得税的比较研究 [D]. 广州：

暨南大学, 2005.

[63] 高凤勤, 汤慧质. 全面二孩政策背景下的个人所得税改革 [J]. 税务研究, 2016 (11): 44-47.

[64] 贺江兵. 全面放开生二孩亟须减免个税 [N]. 华夏时报, 2015-10-31.

[65] 唐敬春. VIE 架构中个人所得税问题探讨 [J]. 国际税收, 2015 (12): 55-59.

[66] 李俭峰. 关于个人所得税税制与征管改革的思考 [J]. 江西社会科学, 2005 (11): 247-249.

[67] 董再平, 黄晓虹, 邓文勇. 东盟四国个人所得税税制比较与借鉴 [J]. 涉外税务, 2009 (10): 48-52.

[68] 席卫群. 并立型分类综合个人所得税制设计 [J]. 涉外税务, 2009 (1): 42-46.

[69] 郝硕博, 商尚, 史晓军, 等. 论个人所得税制改革 [J]. 税务研究, 2004 (11): 29-32.

[70] 李志远. 我国个人所得税税制模式的改革 [J]. 税务研究, 2004 (11): 39-40.

[71] 蔡德发, 王曙光. 个人所得税模式转型及其相关问题的研究 [J]. 税务研究, 2004 (11): 41-42.

[72] 申中华. 完善我国个人所得税制的立法思考 [J]. 税务研究, 2004 (5): 48-51.

[73] 马伟, 张海波. 台湾地区税收制度 [M]. 北京: 当代中国出版社, 2014: 64.

[74] 卫生计生委就 2017 年 1 月全面两孩政策工作进展答记者问 [EB/OL]. (2017-01-22) [2021-06-30]. http://www.gov.cn/xinwen/2017-01/22/content_5162305.htm.

[75] 刘生旺. 从欧盟国家的单一税改革看税收政策的有效性 [J]. 中央财经大学学报, 2010 (2): 11-15.

[76] 刘三强. 浅析韩国个人所得税制及对我国的借鉴意义 [J]. 中国外资, 2014 (4): 186.

[77] 陈炜. 英国个人所得税征收模式的实践经验与启示 [J]. 涉外税务, 2013 (1): 44-48.

[78] 王小佳. 社会主义核心价值观的伦理基础和治理路径 [N/OL].

（2018-02-28）[2021-06-30]. http://www.china.com.cn/opinion/theory/2018-02/28/content_50620131. htm

[79] 国家税务总局税收科学研究所. 西方税收理论 [M]. 北京：中国财政经济出版社，1997：184.

[80] 曾繁正，等. 财政管理学 [M]. 北京：红旗出版社，1998：171-172.

[81] 彭海艳. 最优非线性所得税率结构影响因素：论争焦点及评析 [J]. 财经论丛，2014（4）：18-25.

[82] 王首元，孔淑红. 新最优所得税模型探索：基于比例效用理论视角 [J]. 财经研究，2013，39（5）：86-98.

[83] 中国社会科学院语言研究所词典编辑室. 现代汉语词典 [M]. 北京：商务印书馆，2005.